Dirk Lippold
Personalführung im digitalen Wandel

Dirk Lippold

Personalführung im digitalen Wandel

Von den klassischen Führungsansätzen
zu den New-Work-Konzepten

DE GRUYTER
OLDENBOURG

ISBN 978-3-11-075255-7
e-ISBN (PDF) 978-3-11-075262-5
e-ISBN (EPUB) 978-3-11-075266-3

Library of Congress Control Number: 2021938134

Bibliografische Information der Deutschen Nationalbibliothek
Die Deutsche Nationalbibliothek verzeichnet diese Publikation in der Deutschen Nationalbibliografie;
detaillierte bibliografische Daten sind im Internet über http://dnb.dnb.de abrufbar.

© 2021 Walter de Gruyter GmbH, Berlin/Boston
Umschlagabbildung: Dirk Lippold
Druck und Bindung: CPI books GmbH, Leck

www.degruyter.com

If you can do it, teach it.

If you can teach it, write about it.

Vorwort

Die große Nachfrage nach meinem Essential über die „Führungskultur im Wandel" hat mich dazu bewogen, den Titel nicht nur zu überarbeiten, sondern grundlegend zu erweitern. Schließlich muss sich auch Führung einer grundlegenden Prüfung unterziehen, wenn die digitale Transformation immer wichtiger, wenn das Veränderungstempo immer schneller und wenn der Generationenwechsel immer sichtbarer wird.

Doch wie die Führung einer Organisation in Zukunft aussehen sollte, darüber ist eine kontroverse Diskussion entbrannt.

Es prallen klassische Führungsansätze und -konzepte, die eng mit dem Verhalten und den Eigenschaften des Vorgesetzten verknüpft sind, auf neuere Ansätze – Ansätze, die auf einen stärkeren Interaktionsprozess zwischen Führungskräften und Mitarbeitern mit Perspektive auf eine gemeinsame, selbstorganisierte Führung setzen. Die Frage ist, welcher Weg eingeschlagen werden soll.

Aber wer kennt sich im Dickicht der New Leadership-Ansätze aus? Wo liegt der Unterschied zwischen Super Leadership, der agilen und der digitalen Führung? Worin unterscheidet sich die systemische Führung von der virtuellen Führung? Ist Shared Leadership erfolgreicher als Distributed Leadership? Und sind das überhaupt Gegensätze? Eines unterscheidet die klassische Führung aber von den neueren Ansätzen: Die New-Work-Ansätze weisen einen deutlich höheren Demokratisierungsgrad auf.

In den neuen Führungskonzepten wird die Führungsrolle also ziemlich anders gesehen als in den klassischen Führungstheorien. Wesentliche Elemente der Führung übernehmen selbstorganisierte Teams. Damit liegt einer Organisation, in der praktisch jeder Führung übernehmen kann, eine ganz andere Führungshaltung zugrunde: Mitarbeitern wird grundsätzlich vertraut.

Ich möchte den Leser mit auf eine Reise durch die verschiedenen Ausprägungen klassischer und neuerer Führungsansätze nehmen und zugleich aufzeigen, dass ein Miteinander der verschiedenen Konzepte deutlich erfolgreicher sein kann als ein kompromissloses Gegeneinander.

Besonders bedanken möchte ich mich bei Dr. Stefan Giesen, der das Projekt verlagsseitig gefördert und unterstützt hat. Mein Dank gilt auch Herrn André Horn für die technische Umsetzung des Manuskripts und Herrn Sebastian Telker für die sorgfältigen Korrekturarbeiten.

Zur besseren Lesbarkeit wird für alle Personen das generische Maskulinum verwendet.

Berlin, im März 2021   Dirk Lippold

Inhalt

1. Thematische und begriffliche Grundlegung

Ständig formieren sich neue Herausforderungen an das Führen von Mitarbeitern. "New Work" und "Digital Natives" sind die aktuellen Stichworte. Wo Manager in früheren Zeiten vor allem aus der Zentrale agieren konnten, vergrößert sich ihr Wirkungsbereich sehr schnell, verteilt sich meist auf mehrere Märkte und Umgebungen und vor allem auf Mitarbeiter einer neuen Generation. So ist es nur logisch, dass Führung sich solchen Gegebenheiten anpassen muss.

Und so ist es ebenfalls nur logisch, dass neue Führungsansätze Hochkonjunktur haben. Die Rede ist von Konzepten wie Super Leadership, agile, virtuelle und digitale Führung oder geteilte bzw. verteilte Führung – um nur einige zu nennen. Doch was ist so neu an diesen Ansätzen? Worin unterscheiden sie sich von der „klassischen" Führung? Was sind Ihre Gemeinsamkeiten?

Vor wenigen Jahren ging man noch davon aus, dass Mitarbeiter eine starke Hand brauchen, dass ihnen ein klares Ziel und vor allem der Weg dahin vorgegeben werden muss. Die neuen Führungsansätze berücksichtigen dagegen, dass auch gewisse Freiheiten und selbstständiges Handeln durchaus effizienter zum vorgegebenen Ziel führen können. **Klassische Führungstheorien und -konzepte** verbinden den Führungserfolg in erster Linie mit dem Verhalten und den Eigenschaften des Vorgesetzten. **Neuere Ansätze** ermöglichen dagegen eine breitere Perspektive auf Führung, indem sie den Interaktionsprozess zwischen Führungskräften und Mitarbeitern, die Bedeutung der Mitarbeiter als Geführte und den organisationalen Kontext stärker in den Vordergrund rücken.

Somit stellt sich die Frage, ob es überhaupt einen Königsweg im scheinbaren Gegeneinander von klassischen und neuen Führungsansätzen gibt? Und wenn ja, wie könnte dieser Weg aussehen?

Zunächst erscheint eine gewisse Unterscheidung zwischen **Führungstheorien** (bzw. führungstheoretischen Ansätzen), **Führungskonzepten** und **Führungsstilen** erforderlich.

Gedankenkonstrukte, die geeignet sind, Führungsphänomene der Realität aufgrund von Ursache-Wirkungsverhältnissen zu erklären und der Identifikation von Gesetzmäßigkeiten dienen, werden als **Führungstheorien** bezeichnet. Führungskonzepte dagegen sind auf die praktische Anwendung und Ausgestaltung von Führung ausgerichtet. Während etwa im Bereich klassischer Ansätze der Eigenschaftsansatz oder der Verhaltensansatz als Führungstheorien zu bezeichnen sind, handelt es sich bei den neueren Ansätzen wie „Agile Führung" oder „Digital Leadership" eher um praktische Führungskonzepte, deren theoretische Fundierung derzeit noch unzureichend sind. Gleichwohl sind die Grenzen nicht immer trennscharf zu ziehen. Der Führungsstil schließlich gibt die Form an, in der die Führungskraft ihre Führungsaufgaben im Rahmen der Organisation wahrnimmt. Der Führungsstil ist somit die Grundausrichtung des Führungsverhaltens eines Vorgesetzten gegenüber seinen Mitarbeitern [vgl. Lang/Rybnikova 2014, S. 27 f. sowie Jung 2017, S. 421].

Der Führungsbegriff wird häufig gleichgesetzt mit Management und Leitung. Verallgemeinert wird er anstelle von Unternehmensführung oder Mitarbeiterführung verwendet. Hier soll ausschließlich „Führung von Menschen durch Menschen" diskutiert und dargestellt werden. Am geeignetsten (und kürzesten) erscheint deshalb die **Definition von Führung** durch von Rosenstiel [2003, S. 4]:

> **Führung** ist zielbezogene Einflussnahme. Die Geführten sollen dazu bewegt werden, bestimmte Ziele, die sich meist aus den Zielen des Unternehmens ableiten, zu erreichen.

Das heißt konkret: Orientierung geben, die Richtung vorgeben und den Weg zeigen, um bestimmte Ziele zu erreichen, sowie erfolgreiches Intervenieren in kritischen Situationen.

Die grundsätzlichen Aufgaben eines Managers sind es, ein Unternehmen bzw. eine Organisation zu leiten und die Menschen in diesem System zu führen. Der Bereich der Unternehmensführung beinhaltet dabei die „klassischen" sachbezogenen Führungs-, Leitungs- und Verwaltungsaufgaben aus der Betriebswirtschaftslehre. Mitarbeiterführung ist dagegen die personenbezogene, verhaltenswissenschaftliche Komponente des Managements, die auch als **Personalführung** (engl. *Leadership*) bezeichnet wird [vgl. Staehle 1999, S. 72].

Das Aktionsfeld *Personalführung* ist das zweite Aktionsfeld der Prozesskette Personalbetreuung (siehe Abbildung 1-01).

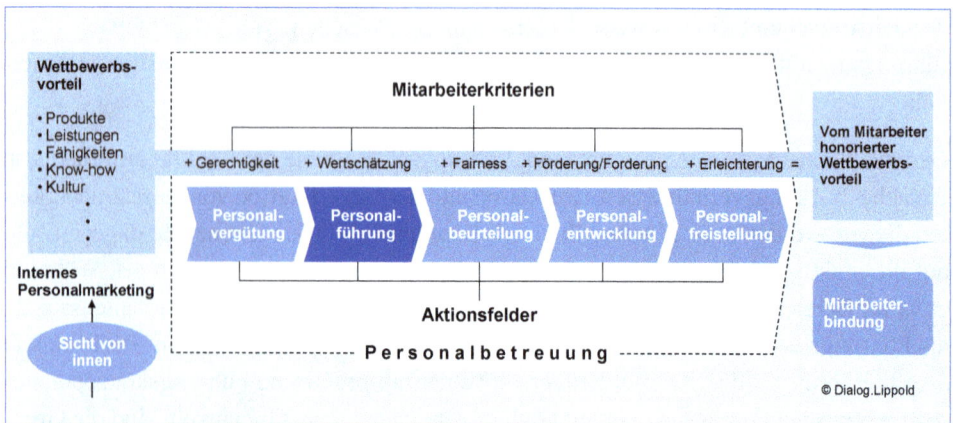

Abb. 1-01: Das Aktionsfeld Personalführung

Unter allen Aktionsfeldern der Personalmarketing-Gleichung [vgl. Lippold 2019] er-fährt das Aktionsfeld *Personalführung* derzeit sicherlich die größten Veränderungen. Der enorme Erfolg, den Start-ups mit ihren innovativen Führungsstilen haben, bleibt auch großen Unternehmen nicht verborgen. So schreibt der ehemalige Telekomvorstand Sattelberger im Forum „Gute Führung" [vgl. Lippold 2017a]:

„Wir erleben gerade einen Paradigmenwechsel in deutschen Unternehmen. Entschei-dungsfähigkeit und Macht werden zunehmend auf Teams oder Projektgruppen verla-gert. Der einzelne kluge Kopf wird Teil von Kooperationsnetzen. Geführte erwarten zu-nehmend andere Menschenführung, Führungskräfte sind zunehmend auf der Suche nach einem anderen Verständnis von Führung und beide wollen eine neue Führungskultur."

Eine besondere Bedeutung erhält das Aktionsfeld *Personalführung* auch dadurch, dass nicht das Geld, sondern ganz offensichtlich ein guter Chef häufig genug der Hauptgrund für einen Jobwechsel ist (siehe Abbildung 1-02). Das ist zumindest das Ergebnis einer Studie zur Arbeitsqualität in Deutschland im Auftrag des Bundesarbeitsministeriums [vgl. von Borstel 2015].

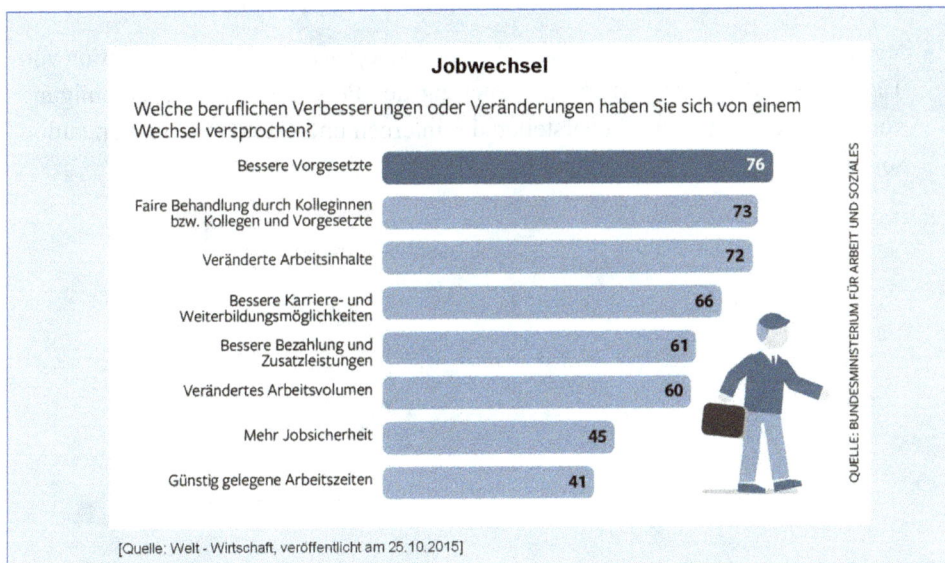

Jobwechsel

Welche beruflichen Verbesserungen oder Veränderungen haben Sie sich von einem Wechsel versprochen?

Bessere Vorgesetzte	76
Faire Behandlung durch Kolleginnen bzw. Kollegen und Vorgesetzte	73
Veränderte Arbeitsinhalte	72
Bessere Karriere- und Weiterbildungsmöglichkeiten	66
Bessere Bezahlung und Zusatzleistungen	61
Verändertes Arbeitsvolumen	60
Mehr Jobsicherheit	45
Günstig gelegene Arbeitszeiten	41

QUELLE: BUNDESMINISTERIUM FÜR ARBEIT UND SOZIALES

[Quelle: Welt - Wirtschaft, veröffentlicht am 25.10.2015]

Abb. 1-02: Die wichtigsten Gründe für einen Jobwechsel

In der Personalführung hat sich – noch vor der fortschreitenden Digitalisierung – ein Wechsel vollzogen. Während bislang Mitarbeiter in erster Linie mit Aufgaben bzw. mit Aufträgen geführt wurden, orientieren sich Führungsentscheidungen heute mehr und mehr an den Ergebnissen. Mitarbeiter werden früh in die Planungs- und Entscheidungs-prozesse ihrer Unternehmen eingebunden und bekommen Handlungsspielraum.

Der damit angesprochene Trend zur dezentralen Selbststeuerung der Mitarbeiter trifft bei diesen auf einen fruchtbaren Boden. Zum einen sind viele Mitarbeiter heute beruflich qualifizierter als früher und deshalb in der Lage, dispositive Aufgaben im Sinne einer Ergebnisorientierung zu übernehmen. Zum anderen haben vor allem die Vertreter der jüngeren Generation eine andere Einstellung zu ihrem Beruf: Ein hohes Maß an Selbstständigkeit und Handlungsspielraum gehören zu ihren wichtigsten Motivationsfaktoren. Dementsprechend verlagern sich die Aufgaben der Führungskräfte im Wesentlichen in drei Richtungen [vgl. Doppler/Lauterburg 2005, S. 67 f.]:

- **Zukunftssicherung**, d. h. der Vorgesetzte muss die notwendigen Rahmenbedingungen hinsichtlich Infrastruktur und Ressourcen schaffen, damit die Mitarbeiter ihre Aufgaben auch in Zukunft selbstständig, effektiv und effizient erfüllen können;

- **Menschenführung**, d. h. die Ausbildung und Betreuung der Mitarbeiter und die Unterstützung bei speziellen Problemen stehen hierbei ebenso im Vordergrund wie die Entwicklung leistungsfähiger Teams und das Führen mit Zielvereinbarungen;

- **Veränderungsmanagement** (engl. *Change Management*), d. h. Koordination von Tagesgeschäft und Projektarbeit, Steuerung des Personaleinsatzes, Bereinigung von Konfliktsituationen, Sicherstellen der internen und externen Kommunikation sowie die sorgfältige Behandlung besonders heikler Personalfälle.

2. Aspekte und Dimensionen der Führung

Führung als zielbezogene Einflussnahme ist ein **Prozess**, dessen Umsetzung durch die Wahrnehmung von **Führungsaufgaben** (z. B. Zielvereinbarung, Delegation etc.) erfolgt. Die Form bzw. die Art und Weise, in der die Führungsaufgaben von den Führungskräften wahrgenommen werden, wird als **Führungsstil** (z. B. kooperativ) bezeichnet. Führungsstile sind somit *Verhaltensmuster* für Führungssituationen, in denen eine Führungskraft ihre Mitarbeiter führt [vgl. Bröckermann 2007, S. 343].

In Abbildung 2-01 sind die Zusammenhänge zwischen Führungsprozess, Führungsaufgaben, Führungsinstrumente und Führungsstil am *„Führungswürfel"* veranschaulicht.

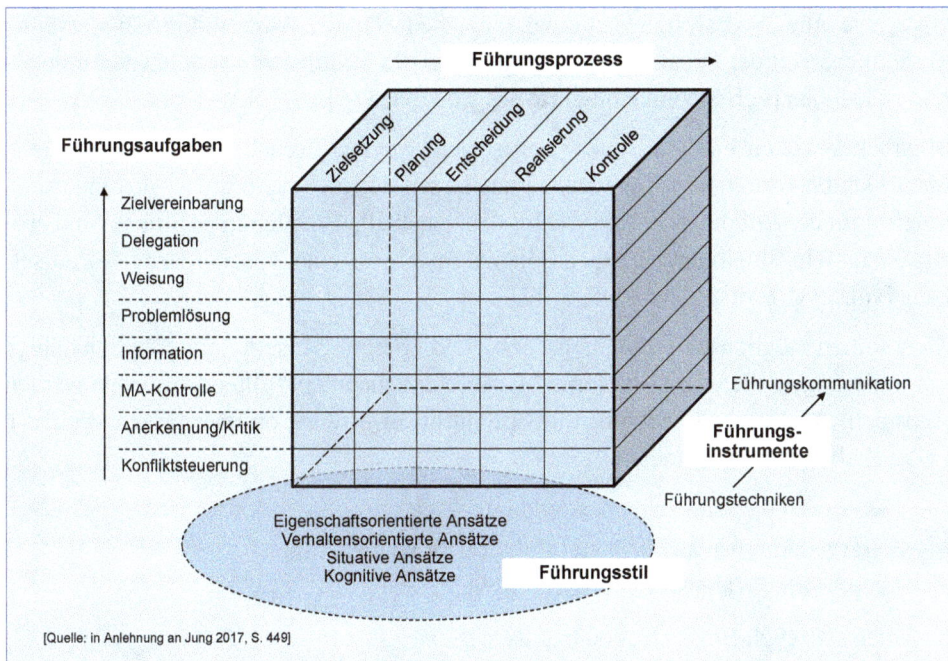

[Quelle: in Anlehnung an Jung 2017, S. 449]

Abb. 2-01: Zusammenhang zwischen Führungsprozess, -aufgaben und -stil

2.1 Führungsprozess

Der **Führungsprozess** stellt quasi die erste Dimension des *Führungswürfels* dar. Im Rahmen dieses Prozesses sind folgende Phasen angesprochen, die bei der Wahrnehmung der eigentlichen Führungsaufgaben immer wieder durchlaufen werden müssen. [vgl. Jung 2017, S. 441 ff.]:

- Zielsetzung (engl. *Target Setting*)
- Planung (engl. *Planning*)
- Entscheidung (engl. *Decision*)
- Realisierung (engl. *Realization*)
- Kontrolle (engl. *Controlling*).

2.1.1   Zielsetzung und Planung

Der Mechanismus der Zielsetzung ermöglicht eine Fokussierung der Handlungsthemen, die zum Gegenstand konkreter Pläne gemacht werden sollen. Ziele erzeugen so etwas wie eine „Sogwirkung". Sie helfen, Arbeitsabläufe, Arbeitsaufgaben sowie die Zusammenarbeit der Organisationseinheiten und der Mitarbeiter untereinander transparent zu machen [vgl. Steinmann/Schreyögg 2005, S. 146].

Mitarbeiter wollen motiviert und wertgeschätzt werden. Freundlichkeit, Engagement, Identifikation, Motivation und Begeisterung lassen sich nicht verordnen. Aber man kann Spielregeln der Kooperation entwickeln, von denen alle Beteiligten profitieren und eine Art „Win-Win-Situation" erzeugen. Hierzu sind Ziele eine entscheidende Voraussetzung [vgl. Eyer/Haussmann 2005, S. 12].

Ziele sollten möglichst konkret, d. h. mess- und überprüfbar sein. Interpretationsfähige Formulierungen, die leicht Leerformel-Charakter annehmen, sollten vermieden werden (Beispiel: „Wir streben nach überdurchschnittlicher Motivation unserer Mitarbeiter"). In der Zielformulierung sollten

- Zielinhalt (Was soll erreicht werden?),
- Zielerreichungsgrad (Wie viel soll erreicht werden?) und
- Zielperiode (Wann soll es erreicht werden?)

enthalten sein [vgl. Becker, J. 2009, S. 23 f.].

Die Planung gibt eine Orientierung dessen an, was zu tun ist, um die definierten Ziele zu erreichen. Sie befasst sich mit den Maßnahmen, Mitteln und Wegen zur Zielerreichung. Planung ist kein einmaliger, in sich abgeschlossener Akt, sondern ein rollierender Prozess. Unter den vielfältigen Aspekten der Planung, die sich durch eine starke Analysetätigkeit auszeichnet, soll hier lediglich der zeitliche Gesichtspunkt erwähnt werden. Während die strategische Planung den grundsätzlichen und damit zumeist längerfristigen Handlungsrahmen für zentrale Unternehmensentscheidungen vorgibt, zielt die operative Planung darauf ab, eine konkrete Orientierung für das Tagesgeschäft zu gewinnen [vgl. Steinmann/Schreyögg 2005, S. 163].

2.1.2   Entscheidung, Realisierung und Kontrolle

In allen Unternehmenseinheiten wird tagtäglich eine Vielzahl von **Entscheidungen** getroffen. Diese sind nach Inhalt, Häufigkeit und Tragweite sehr unterschiedlich. Zwei Merkmale sind jedoch allen komplexeren Entscheidungen gemeinsam [vgl. Jung 2017, S. 445 f.]:

- Entscheiden bedeutet die Auswahl aus mehreren *Handlungsalternativen*.

- Entscheidungen werden unter dem Aspekt des *Risikos* getroffen, d. h. es ist i. d. R. nicht genau bekannt, wie sich die verschiedenen Handlungsmöglichkeiten auswirken werden.

Typisch für Entscheidungen im Personalbereich ist zudem, dass diese Entscheidungen nicht *isoliert* getroffen werden, da häufig ein Zusammenhang mit anderen Managementbereichen besteht.

Das Setzen von Zielen, ihre Umsetzung in Pläne und das Treffen der Entscheidungen reichen aber nicht aus, um den Erfolg der Maßnahmen zu gewährleisten. Wichtig ist die **Realisierung,** also die praktische *Umsetzung* des Gewollten. Es ist nicht Aufgabe der Führungskräfte, die erforderlichen Aktivitäten zur Zielerreichung selbst auszuführen. Vielmehr geht es in dieser Phase darum, generelle organisatorische Regelungen zu treffen und durch Einwirken auf die Mitarbeiter (z. B. durch Veranlassen, Unterweisen bzw. Einweisen) dafür zu sorgen, dass der Plan umgesetzt wird.

Erst durch eine **Kontrolle** der umgesetzten Maßnahmen ist es möglich, dass eine für die Regelung des Unternehmensgeschehens erforderliche *Rückkopplung* (engl. *Feedback*) stattfindet. Die Kontrollfunktion, die Soll-Größen der Planung mit den Ist-Größen der Realisierung vergleicht, gibt Auskunft über den Grad der Zielerreichung.

2.2 Führungsaufgaben

Die konkrete Anwendung des Führungsprozesses erfolgt durch die Wahrnehmung der **Führungsaufgaben,** die die zweite Dimension des *Führungswürfels* bilden. Zu den Aufgaben einer Führungskraft zählen Ziele und Zielvereinbarungen erarbeiten, Mitarbeiter auswählen, beurteilen und entwickeln, Projekte managen, Teams bilden, entwickeln und lenken. Im Zuge einer stärkeren Systematisierung können diese Führungsaufgaben in die teilweise *formalisierten Sachaufgaben* wie Personalvergütung, Personalbeurteilung oder Personalentwicklung und in die mehr *situations- und personenbezogenen Aufgaben* unterteilt werden. Dies sind im Einzelnen [siehe dazu ausführlich Jung 2017, S. 449 ff.]:

- Zielvereinbarung
- Delegation und Weisung
- Problemlösung
- Information und Kontrolle
- Anerkennung und Kritik
- Konfliktsteuerung.

Grundsätzlich sind die Führungsaufgaben in die übergelagerten Managementfunktionen eines Unternehmens (Planung, Organisation, Personaleinsatz, Führung und Kontrolle) eingebettet.

Abbildung 2-02 veranschaulicht den Managementprozess, in den die Personalführungsaufgaben integriert sind, und gibt darüber hinaus einen Überblick über weitere Einzelaufgaben, die den Funktionen zuzuordnen sind.

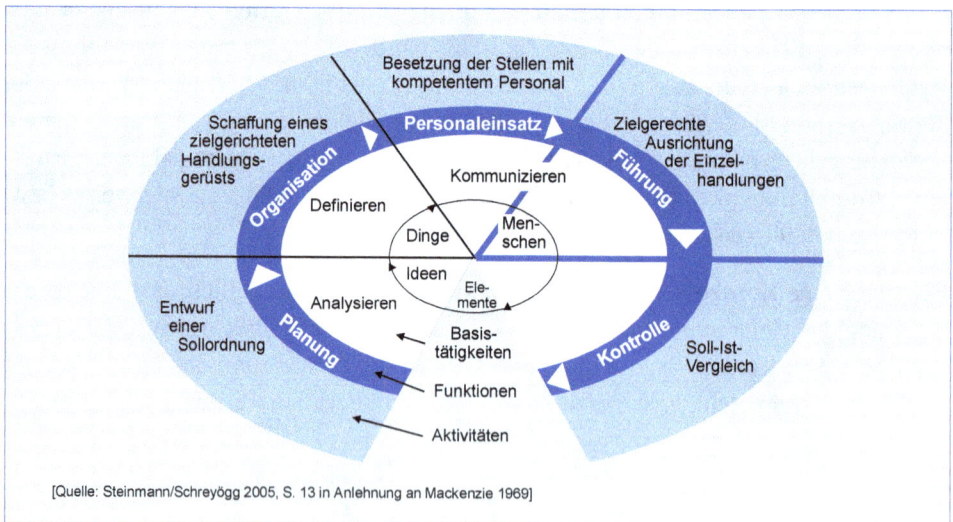

[Quelle: Steinmann/Schreyögg 2005, S. 13 in Anlehnung an Mackenzie 1969]

Abb. 2-02:   Managementfunktionen

2.2.1   Zielvereinbarung

Die **Zielvereinbarung** ist ein besonderer Aspekt des Führungsmodells „Führen mit Zielen" (engl. *Management by Objectives – MbO*). In einem Zielvereinbarungsgespräch werden aus den Unternehmenszielen, den Zielvorstellungen des Vorgesetzten und des einzelnen Mitarbeiters gemeinsame Mitarbeiterziele, deren Zielerreichungsgrad und Maßnahmen zur Zielerreichung vereinbart und schriftlich fixiert. Wichtig ist, dass die Zielvereinbarung nicht aus einem reinen Aufgabenkatalog besteht, sondern vielmehr konkrete Ziele und messbare Ergebnisse enthält. Damit gewinnt jenes Führungsverhalten an Bedeutung, das den (beteiligten) Mitarbeiter in seiner komplexen und vernetzten Arbeitswelt am besten würdigt (wertschätzt) [vgl. Lippold 2010, S. 21].

Der Vorteil einer Zielvereinbarung gegenüber einer reinen Zielvorgabe liegt darin, dass der aktiv beteiligte Mitarbeiter einen konkreten Orientierungsrahmen erhält und damit seine Identifikation mit den Zielen seiner Tätigkeit erhöht wird. Nachteilig ist der zweifellos höhere Zeitaufwand.

2.2.2 Delegation und Weisung

Um seine Führungsaufgaben erfüllen zu können, muss ein Vorgesetzter Tätigkeiten mit genau abgegrenzten Befugnissen (Kompetenzen) und Verantwortlichkeiten zur selbstständigen Erledigung an geeignete Mitarbeiter übertragen. Die Vorteile der **Delegation** sind im Wesentlichen:

– Zeitersparnis und Entlastung der Führungskraft,
– Vergrößerung des Freiraums der Führungsperson für strategische Fragestellungen,
– Erfüllung der Mitarbeiterbedürfnisse nach Anerkennung und Selbstverwirklichung,
– Nutzung von Kenntnissen, Fähigkeiten und Erfahrungen der Mitarbeiter und
– Ausbau der Fähigkeiten potenzialstarker Mitarbeiter.

Demgegenüber stehen folgende Verhaltensweisen, die ein Delegieren erschweren:

– Geringes Zutrauen der Führungskraft in die Fähigkeiten seiner Mitarbeiter,
– Nichtanerkennung brauchbarer Vorschläge der Mitarbeiter und
– Scheuen des Erklärungsaufwands bei der Übertragung anspruchsvoller Aufgaben.

Um Mitarbeiter zu bestimmten Handlungen zu veranlassen, bedient sich die Führungskraft **Weisungen**. Diese sollten eindeutig, klar und vollständig sein. Typische Weisungsformen sind:

- **Der Befehl.** Diese Form der Weisung ist heutzutage in den wenigsten Fällen als Mittel zur Führung geeignet. Der Befehl schließt Mitdenken und Eigenverantwortlichkeit aus.

- **Die Anweisung.** Eine Anweisung ist dann erforderlich, wenn genau vorgeschrieben ist, wie eine Arbeit erledigt werden soll. Eine Anweisung wird zumeist schriftlich fixiert.

- **Der Auftrag.** Wesentlich zeitsparender als die Anweisung ist der Auftrag. Hierbei wird dem Mitarbeiter nur ein grober Rahmen vorgegeben, so dass es ihm weitgehend überlassen bleibt, wie und womit er den Auftrag ausführt.

2.2.3   Problemlösung

„Führung durch Anerkennung" ist eine häufig praktizierte Maxime, wenn es darum geht, Führungspositionen zu besetzen. Eine Führungskraft erwirbt sich vor allem dann bei ihren Mitarbeitern Anerkennung, wenn sie neben dem formalen Führungsverhalten auch entsprechende **Problemlösungskompetenz** nachweisen kann.

Dabei geht es manchmal gar nicht so sehr darum, dass die Führungskraft auftretende Probleme selber löst. Vielmehr muss sie in der Lage sein, Probleme rechtzeitig zu erkennen, ihre Ursachen zu analysieren, sie zu vermeiden bzw. Lösungswege aufzuzeigen, um gemeinsam mit den Mitarbeitern eine Problemlösung zu erarbeiten.

2.2.4   Information und Kontrolle

Eine der wichtigsten Führungsaufgaben ist es, Mitarbeiter hinreichend mit **Informationen** zu versorgen, damit sie bereit und in der Lage sind, Mitverantwortung zu übernehmen. Ein guter Mitarbeiter ist zugleich auch immer ein gut informierter Mitarbeiter.

Grundsätzlich ist zu unterscheiden zwischen Informationen, die für die Aufgabenerfüllung erforderlich sind, und aufgabenunabhängigen, aber wünschenswerten Informationen. Die Auswertung vieler Mitarbeiterbefragungen zeigt, dass die Informationsversorgung zu den wichtigsten zu verbessernden Maßnahmen zählt. Fehlende, falsche, unzureichende oder missverständliche Informationen über den (wahren) Geschäftsverlauf oder die Kostensituation führen häufig zu Unverständnis für manch unternehmerische Entscheidung und heizen die „Gerüchteküche" an. Motivations- und Vertrauensverluste sind häufig die Folge.

Gerade in prekären Situationen ist das Management gut beraten, statt zu dementieren, offen, ehrlich und vertrauensvoll zu informieren.

Mit der **Kontrolle** der Mitarbeiter ist nicht die allgemeine Kontrollfunktion aus dem Führungsprozess gemeint. Hier geht es vielmehr um die Kontrolle der konkreten Umsetzung einer Aufgabe, die dem Mitarbeiter vom Vorgesetzten zugewiesen wurde. In der Regel handelt es sich bei der Mitarbeiterkontrolle um eine **Ergebniskontrolle**, d. h. es wird geprüft, mit welchem qualitativen oder quantitativen Ergebnis der Mitarbeiter die ihm übertragene Aufgabe durchgeführt hat. Eine solche Art der Kontrolle wird von den Mitarbeitern nicht nur hingenommen, sondern im Sinne einer Information und Bestätigung auch gewünscht. Ohne Kontrolle lassen sich Ziele nicht zuverlässig erreichen. Zu viel Kontrolle wird allerdings nicht nur als lästig empfunden, sondern viele Mitarbeiter sehen dahinter auch Misstrauen in ihre Fähigkeiten.

2.2.5 Anerkennung und Kritik

Das durch die Mitarbeiterkontrolle gegebene „Feedback" ist daneben auch für die Führungskraft eine gute Möglichkeit, dem Grundbedürfnis des Mitarbeiters nach **Anerkennung** nachzukommen. Anerkennung ist ein ganz entscheidender Motivationsfaktor – nicht nur im Arbeitsleben. Auf der anderen Seite ist der Vorgesetzte aber auch verpflichtet, die Schlechtleistung seines Mitarbeiters sachlich zu kritisieren, denn ohne **Kritik** und der daraus folgenden Einsicht ist keine Veränderung möglich.

Damit der Mitarbeiter Fehler einsieht und bereit ist, sein Verhalten zukünftig zu verändern, sollten bei der negativen Kritik einige Regeln eingehalten werden:

- Fehlerhaftes Verhalten sollte möglichst sofort angesprochen werden, da sonst Fehler zur Gewohnheit werden.
- Der Vorgesetzte sollte nicht persönlich werden, sondern ausschließlich die Sache kritisieren (konstruktive Kritik).
- Die Kritik sollte nur „unter vier Augen" ausgesprochen werden, da sonst die Gefahr des „Gesichtsverlusts" besteht.
- Kritik sollte nicht hinter dem Rücken des betroffenen Mitarbeiters ausgeübt werden.

2.2.6 Konfliktsteuerung

„Wo immer es menschliches Leben gibt, gibt es auch Konflikt" [Dahrendorf 1975, S. 181].

Die Ursachen für **Konflikte** im Unternehmen können ebenso vielfältig wie ihre Gestaltungsformen sein. Nachteilig können Konflikte sein, wenn sie zur Instabilität führen und das Vertrauen erschüttern. Vorteilhaft sind Konflikte dann, wenn sie Energien und Kreativität freisetzen und zu gewünschten Veränderungen führen. Neben Konflikten zwischen Personen sind in der betrieblichen Praxis vor allem Konflikte zwischen verschiedenen Gruppen (insbesondere Organisationseinheiten) anzutreffen. Konflikte zwischen Organisationseinheiten entstehen häufig nach Fusionen oder Unternehmensübernahmen und können sehr lange andauern. Konfliktursache ist hier das „Aufeinanderprallen" unterschiedlicher Unternehmenskulturen, d. h., Menschen mit unterschiedlichsten Kenntnissen, Fähigkeiten und Werthaltungen treffen aufeinander, so dass Konflikte immer wahrscheinlicher werden. Können solche Konflikte nicht bewältigt werden, führt dies zur Enttäuschung und Frustration bei den Betroffenen. Die Konfliktbewältigung nach Unternehmenszusammenschlüssen ist deshalb besonders wichtig, weil ansonsten die mit einer Fusion gewünschten Synergieeffekte zunichte gemacht werden können. Es gehört zu den Aufgaben einer Führungskraft, Bedingungen zu schaffen, die zur Konfliktvermeidung beitragen oder eine entsprechende Lösung herbeiführen. Daher ist es wichtig, die Entstehung eines Konfliktes richtig „einordnen" zu können.

Folgende Konflikttypen können auftreten [vgl. Schuler 2006, S. 626 f.]:

- **Bewertungskonflikt**, d. h., der Wert eines Ziels wird unterschiedlich bewertet;
- **Beurteilungskonflikt**, d. h., die Parteien sind sich über das Ziel einig, aber nicht über den Weg zur Zielerreichung;
- **Verteilungskonflikt**, d. h., die Parteien streiten über die Verteilung knapper Ressourcen (Anreize, Statussymbole, Aufgaben);
- **Beziehungskonflikt**, d. h., eine Partei fühlt sich durch die andere persönlich herabgesetzt oder zurückgewiesen.

In Gruppen kommt es vor allem dann zu Konflikten, wenn die Verantwortlichkeiten und Entscheidungsbefugnisse nicht geklärt sind. Unkoordiniertes Handeln und auch Streit um die Verantwortung für das Scheitern, nachdem das Ziel nicht erreicht wurde, sind in solchen Fällen vorprogrammiert.

Wie sollte die Führungskraft mit Konflikten umgehen? Nach Hedwig Kellner gibt es drei Möglichkeiten, dem entstandenen Konflikt zu begegnen:

- **Unterdrücken**, d. h., der Konflikt wird ignoriert oder verdrängt. Es findet also keine Aktion seitens der Führungskraft statt. Diese Form der „Konfliktbewältigung" funktioniert meist nicht, so dass dann eine Eskalation die Folge ist.
- **Lösen**, d. h., der Konflikt wird zur Kenntnis genommen und Aktionen mit dem Ziel der Problemlösung werden ausgeführt. Eine richtige Problemlösung führt nicht zu Folgekonflikten.
- **Akzeptieren**, d. h., der Konflikt wird zur Kenntnis genommen und es finden keine Aktionen statt. Stattdessen wird nach Möglichkeiten gesucht, mit dem Problem zu leben.

In jedem Fall sollte versucht werden, einen Konflikt zu lösen und damit eine Eskalation zu vermeiden. Unterdrücken oder Akzeptieren von Konflikten sind eher selten und für eine langfristige Zusammenarbeit ungeeignet [vgl. Kellner 2000, S.112 ff.].

Das **Dual-Concern-Modell** von Pruitt/Carnevale [1993] geht von **fünf Grundstrategien** zur Bewältigung von Konflikten aus. Dabei sind zwei Motive für Konfliktsituationen charakterisierend. Zum einen das Motiv, die eigenen Interessen durchzusetzen (Eigeninteresse) und sich selbst zu behaupten, und zum anderen das Kooperationsmotiv, die Bedürfnisse der anderen Partei ebenfalls zu berücksichtigen. Damit ist die Sichtweise aufgehoben, dass Menschen in Konfliktsituationen immer aus egoistischen Motiven oder vollkommen selbstlos handeln. Abbildung 2-03 zeigt die fünf Alternativen für das Verhalten in Konflikt- bzw. Verhandlungssituationen [vgl. Schuler 2006, S. 632].

In diesem Zusammenhang kommt dem sogenannten **Gelassenheitsgebet** des US-amerikanischen Theologen Reinhold Niebuhr eine ganz besondere Bedeutung zu: *„Gott, gib mir die Gelassenheit, Dinge hinzunehmen, die ich nicht ändern kann, den Mut, Dinge zu ändern, die ich ändern kann, und die Weisheit, das eine vom anderen zu unterscheiden."*

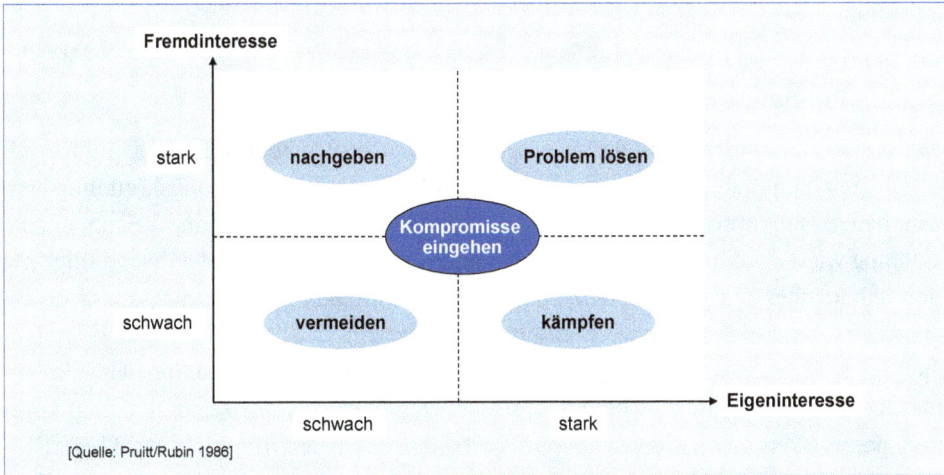

Abb. 2-03: Das Dual-Concern-Modell

Einen Schritt weiter gehen Jansen/van de Vliert, die an das Dual-Concern-Modell anknüpfen, aber die Strategie „Kämpfen" stärker differenzieren. Damit können letztlich acht Formen des Konfliktverhaltens unterschieden werden (siehe Abbildung 2-04).

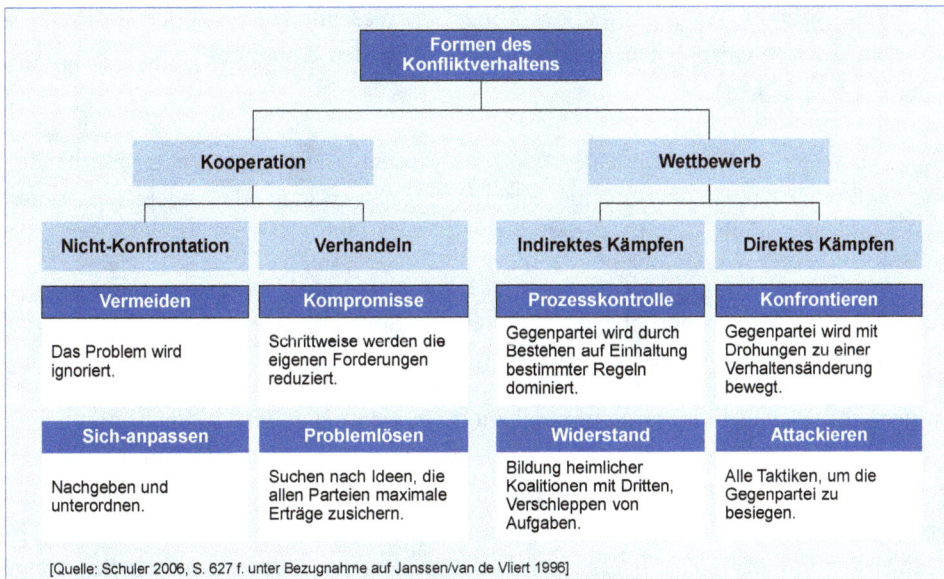

Abb. 2-04: Formen des Konfliktverhaltens

2.3 Führungsinstrumente

Zu den **Führungsinstrumenten**, die dritte Dimension des *Führungswürfels*, zählen die Formen der *Führungskommunikation* sowie die verschiedenen *Führungstechniken*, die unter der Bezeichnung *„Management by ...“* – Konzepte im deutschen Sprachraum weite Verbreitung gefunden haben und teilweise auch als Führungsprinzipien bezeichnet werden.

2.3.1   Führungskommunikation

Die Kommunikation ist wohl das wichtigste Führungsinstrument. **Führungskommunikation** zielt darauf ab, den Informationsaustausch zwischen der Führungskraft und ihren Mitarbeitern zu verbessern. Im Gegensatz zur Mitarbeiterinformation, die nur in eine Richtung wirkt, ist die Kommunikation immer zweiseitig ausgerichtet. Gleichgültig, wie man sich in einer zwischenmenschlichen Situation verhält, ob man spricht oder sich abwendet, es wirkt auf den anderen ein und es findet eine Rückkopplung statt. Untersuchungen belegen, dass wir maßgeblich auch über die Körpersprache, also Gestik, Mimik, Körperhaltung und Bewegungen, sowie auch über Aussehen und Kleidung kommunizieren. Kommunikation ist also ein Verhalten, das anderen etwas mitteilt [vgl. Bröckermann 2007, S. 365].

Manager müssen permanent kommunizieren, sei es mit Kollegen oder Mitarbeitern, mit wichtigen (Schlüssel-) Kunden (engl. *Key Accounts*), mit Aufsichtsgremien oder Analysten. Kurz gesagt: Kommunikation ist die Kernaufgabe des Managements [vgl. Buss 2009, S. 246].

Kommunikation in Führungssituationen findet im Wesentlichen mündlich oder schriftlich statt. Zu den Gesprächen als Mittel der mündlichen Kommunikation zählen [vgl. Jung 2017, S. 478 ff.]:

–   das **Mitarbeitergespräch** als Gespräch zwischen Führungskraft und Mitarbeiter unter vier Augen, um wichtige Entscheidungstatbestände oder bedeutsame Vorgänge im Arbeitsablauf zu erörtern und

–   die **Besprechung** als Zusammenkunft mit mehreren Mitarbeitern gleichzeitig, um diese Personengruppe im Hinblick auf einen zu erreichenden Zustand zu überzeugen, zu aktivieren und zu motivieren.

In der schriftlichen Führungskommunikation hat sich die E-Mail als nahezu einziges Kommunikationsmittel durchgesetzt. Ihre leichte Handhabung hat allerdings auch dazu geführt, dass sie zunehmend andere Kommunikationsformen verdrängt. Es ist zu beobachten, dass viele Manager dazu übergegangen sind, nahezu ausschließlich per E-Mail zu kommunizieren *(„Management by E-Mail“)*. Hier ist vor allem auch die richtige Dosierung der Informationsmenge angesprochen.

Besonders hinzuweisen ist auf die Unterscheidung zwischen **formeller und informeller Kommunikation**. Während die formelle Kommunikation dem Informations- und Gedankenaustausch hinsichtlich der Aufgabenerfüllung dient, ist die informelle Kommunikation an keine Regelung gebunden. Sie wird vornehmlich als Lückenbüßer für Mängel in der formellen Kommunikation benutzt und schlägt sich häufig in der sogenannten „Gerüchteküche" nieder [vgl. Bröckermann 2007, S. 364].

2.3.2   Führungstechniken

Eine weitere Gruppe von Führungsinstrumenten zielt auf die bessere Koordination des Verantwortungsbereichs einer Führungskraft ab. Die wichtigsten **Führungstechniken** (= Prinzipien) für die Koordination der Personalführung sind:

- Führen durch Ziele (engl. *Management by Objectives – MbO*)
- Führen durch Delegation (engl. *Management by Delegation*) und
- Führen durch Partizipation (engl. *Management by Participation*).

Management by Objectives. Das Führen durch Ziele bzw. Zielvereinbarungen ist das bekannteste Führungsprinzip. Auf die Bedeutung der Zielvereinbarung wurde bereits im Zusammenhang mit der Wahrnehmung von Führungsaufgaben eingegangen (vgl. Abschnitt 2.2.1).

Grundgedanke dieses Führungsprinzips ist die Frage: Wie stellt die Führungskraft sicher, dass der geführte Mitarbeiter das Richtige tut (Effektivität) und dass er es richtig tut (Effizienz)? Voraussetzung beim MbO ist, dass die Mitarbeiter eine Vorstellung von dem haben, was von ihnen erwartet wird. Den Orientierungsrahmen geben Ziele vor, die in einer Zielvereinbarung festgelegt werden.

Beim MbO werden nicht bestimmte Aufgaben, die nach festgelegten Vorschriften zu erledigen sind, sondern grundsätzlich Ziele vorgegeben. Im Sinne einer besseren Umsetzungswahrscheinlichkeit werden die Ziele gemeinsam von Vorgesetzten und Mitarbeitern erarbeitet, nicht jedoch Regelungen darüber getroffen, wie diese Ziele zu erreichen sind. Insgesamt fordert das MbO einen eher kooperativen Führungsstil, da sich Führungskraft und Mitarbeiter gleichzeitig den erarbeiteten Zielen verpflichtet fühlen sollten [vgl. Jung 2017, S. 501; Bröckermann 2007, S. 330].

Management by Delegation. Der Grundgedanke des Führens durch Delegation ist die weitgehende Übertragung von Aufgaben, Entscheidungen und Verantwortung auf die Mitarbeiterebene. Die Notwendigkeit dieses Führungsprinzips ergibt sich aus der Überlegung, dass eine Führungsperson unmöglich alle Aufgaben selbst erledigen kann. Dies führt im schlimmsten Fall zum Erlahmen aller Prozesse im Verantwortungsbereich der Führungskraft [vgl. Stock-Homburg 2013, S. 546].

Erfolgreiches **Delegieren** setzt voraus, dass

– die Aufgaben rechtzeitig an die Mitarbeiter übertragen werden, damit die Aufgabenerfüllung termingerecht sichergestellt werden kann,
– gleichzeitig Verantwortung und Kompetenzen übertragen werden, damit die Mitarbeiter auch über die zur Aufgabendurchführung evtl. benötigten Weisungskompetenzen verfügen,
– die Aufgabenstellung eindeutig und klar formuliert ist und damit Unsicherheiten bei der Aufgabenerfüllung vermieden werden sowie
– alle erforderlichen Informationen bereitgestellt werden, damit die Aufgabenerfüllung vollumfänglich erfolgen kann [vgl. Stock-Homburg 2013, S. 546 f.].

Management by Participation. Ein weiteres Führungsinstrument zur besseren Koordination des Verantwortungsbereichs einer Führungskraft ist die Einbindung von Mitarbeitern in den Entscheidungsprozess. Sie dient in erster Linie dazu, weitere Perspektiven der Aufgabenerfüllung zu berücksichtigen sowie die Motivation der Mitarbeiter bei der Umsetzung der Entscheidungen zu erhöhen [vgl. Stock-Homburg 2013, S. 548].

Um diese Vorteile der Partizipation zu gewährleisten, sollten folgende Rahmenbedingungen vorliegen [vgl. Stock-Homburg 2013, S. 550 unter Bezugnahme auf Staehle 1999, S. 536]:

– Die Mitarbeiter haben in Bezug auf die Aufgabenstellung gleiche Ziele.
– Die Mitarbeiter sind aufgrund ihrer Kenntnisse und Erfahrungen in der Lage, zur Entscheidungsfindung beizutragen.
– Die Mitarbeiter haben ein hohes Maß an Eigenständigkeit und Selbstbestimmung.

Alle drei aufgeführten Führungsprinzipien sind nicht isoliert zu betrachten, d. h., sie schließen sich nicht gegenseitig aus. Dies zeigt sich besonders am Führungsprinzip Management by Objectives, das eine Zusammenarbeit und Partizipation (z. B. bei der Zielvereinbarung) sowie eine Delegation (z. B. bei der Aufgabenerfüllung) bewusst vorsieht.

Darüber hinaus gibt es noch eine Reihe anderer, weitgehend selbsterklärender Führungsprinzipien wie

• Führung durch Eingriff in Ausnahmefällen (engl. *Management by Exception –* *M*bE)
• Management durch Systemsteuerung (engl. *Management by Systems – MbS*)
• Management durch Motivation (engl. *Management by Motivation – MbM*)
• Management by Walking Around.

Gerade das **Management by Walking Around**, bei dem der häufige, direkte Kontakt zwischen der Führungskraft und ihren Mitarbeitern im Vordergrund steht, wird aufgrund der hohen Zeitbelastung des Managements zunehmend vernachlässigt. Dabei zählt dieses Führungsprinzip zu den effektivsten überhaupt, um Mitarbeiter zu guten Leistungen zu motivieren und damit zu den gewünschten Ergebnissen zu kommen. Allerdings stößt das Management by Walking Around in Zeiten des Homeoffice naturgemäß an seine Grenzen.

2.4 Führungsstil

Führungsstil lässt sich als Fundament und Grundlage des *„Führungswürfels"* in Abbildung 2-01 bezeichnen. Der Führungsstil gibt die Form an, in der die Führungskraft ihre Führungsaufgaben im Rahmen der Organisation wahrnimmt. Der Führungsstil ist somit die Grundausrichtung des Führungsverhaltens eines Vorgesetzten gegenüber seinen Mitarbeitern [vgl. Lang/Rybnikova 2014, S. 27 f.].

Der Begriff steht stellvertretend für die drei klassischen Strömungen der Personalführungsforschung:

- **Eigenschaftsorientierter Führungsansatz** (→ Eigenschaftstheorien und -modelle)
- **Verhaltensorientierter Führungsansatz** (→ Führungsstiltheorien und -modelle)
- **Situativer Führungsansatz** (→ situative Führungstheorien und -modelle)

Die genannten Führungsansätze und -theorien haben gemeinsam, dass sie Aussagen über die Bedeutung von Führungseigenschaften, Führungsverhaltensweisen und Führungssituationen im Hinblick auf den **Erfolg** von Führungskräften treffen.

Abbildung 2-05 liefert einen Überblick über die Schemata der drei Führungsansätze.

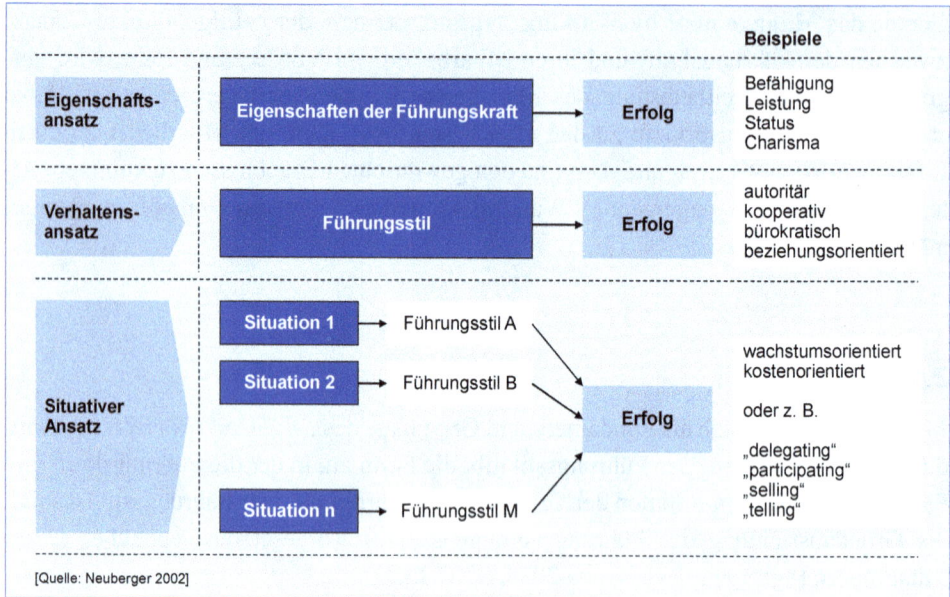

Abb. 2-05: Schema des eigenschafts-, des verhaltens- und des situativen Ansatzes

Neben den drei klassischen Strömungen der Mitarbeiterführung wurden mit den **kognitiven Ansätzen** weitere Perspektiven der Personalführung entwickelt, die den Blick auf die Führungskraft-Geführten-Beziehung verändern bzw. erweitern sollen. Zu diesen Ansätzen zählen:

- **Implizite Führungstheorie**
- **Culturally Endorsed Implicit Leadership Theory**
- **Leader-Member Exchange Theorie** (LMX-Theory)
- **Symbolische Führung**.

Eine weitere Unterteilung der verschiedenen Führungstheorien kann anhand der Anzahl der verwendeten *Kriterien* zur Beschreibung des Führungsverhaltens vorgenommen werden [vgl. Bröckermann 2007, S. 343 f.]:

- **Eindimensionale Führungsansätze** normieren das Führungsverhalten lediglich nach einem Kriterium, dem Entscheidungsspielraum der Führungskraft.
- **Zweidimensionale Führungsansätze** basieren in der Mehrzahl auf den Kriterien Beziehungsorientierung und Aufgabenorientierung zur Beschreibung des Führungsverhaltens.
- **Mehrdimensionale Führungsansätze** verwenden mehr als zwei Kriterien zur Beschreibung von Führungsstilen.

Abbildung 2-06 gibt einen Überblick über die gängigsten theoretisch-konzeptionellen Ansätze in der Personalführung, die im Folgenden kurz vorgestellt werden sollen.

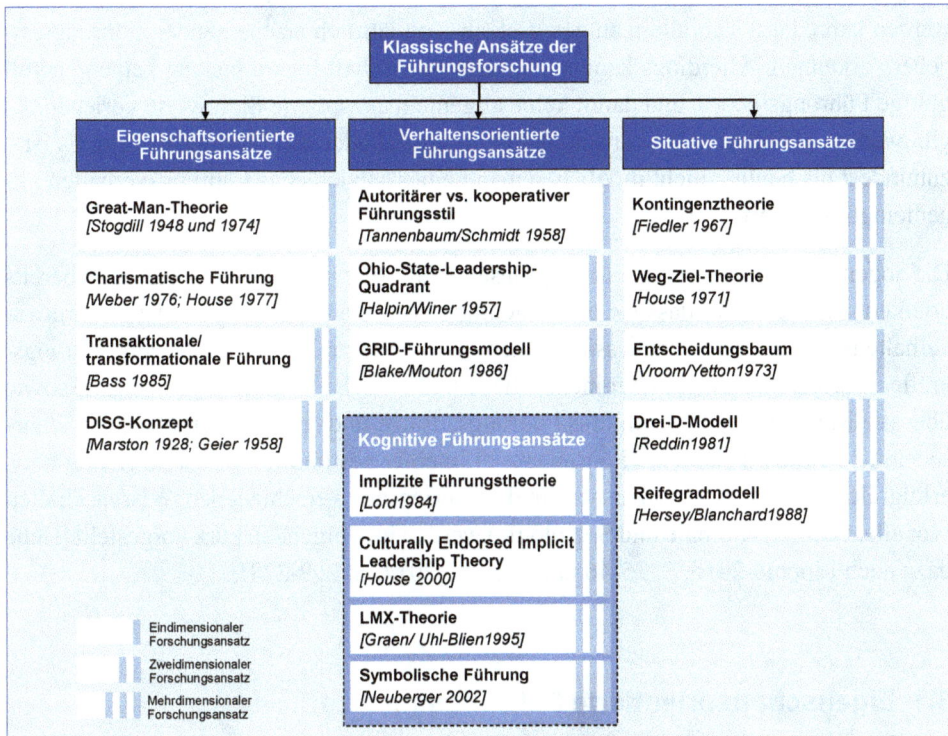

Abb. 2-06:   Theoretisch-konzeptionelle Ansätze der Personalführung

3. Klassische Führungsansätze und -konzepte

Die praktische Bedeutung, wie Führungserfolg erklärt und wie gute Führung erreicht werden kann, lässt sich allein an der Vielzahl von jährlich erscheinenden Führungsratgebern erkennen. Allerdings kann auch die Wissenschaft hierzu bislang keine generell gültige Führungstheorie und damit keine allgemein akzeptierte Sichtweise vorlegen. Es gibt weder *die* Führungskraft, noch *den* Führungsstil oder *die* Führungstheorie. Es ist – zumindest bis heute – nicht möglich, anhand eines Modells das Führungsverhalten allgemeingültig zu erklären.

Die sogenannten klassischen Führungsansätze und -theorien haben – wie oben bereits erläutert – gemeinsam, dass sie die Bedeutung von Führungseigenschaften, Führungsverhaltensweisen und Führungssituationen im Hinblick auf den Erfolg von Führungskräften treffen. Kenntnisse über menschliche und zwischenmenschliche Prozesse sowie über die Mechanismen bestimmter Führungsansätze und -theorien erhöhen die Wahrscheinlichkeit, dass sich eine Führungskraft in einer bestimmten Situation richtig bzw. erfolgreich verhält. Solche Ansätze und -theorien aus verschiedenen Wissenschaften (vor allem der Psychologie und Soziologie) werden im Folgenden kurz vorgestellt [siehe dazu auch Lippold 2015, S. 25-46 und Lippold 2014, S. 209-228].

3.1 Eigenschaftsorientierte Führungsansätze

Die Eigenschaftstheorie (engl. *Trait Theory*) ist der historisch älteste Erklärungsansatz der Führung. Er geht in seinem Grundkonzept davon aus, dass Führung und Führungserfolg maßgeblich von den Persönlichkeitseigenschaften der Führungskraft bestimmt werden. Es wird angenommen, dass effektiv Führende bestimmte Eigenschaften besitzen, um Einfluss auf die Handlungen der Geführten auszuüben. Eigenschaften werden als zeitstabil und situationsunabhängig definiert, sie sollen klar feststellbar und messbar sein. Auch das Handeln der Führungsperson wird als Ergebnis dieser Persönlichkeitsmerkmale angesehen. Zu den wichtigsten Ansätzen der eigenschaftsorientierten Führungstheorie zählen:

- Great-Man-Theorie,
- Theorie der charismatischen Führung,
- Theorie der transformationalen/transaktionalen Führung und
- das DISG-Konzept.

3.1.1 Great-Man-Theorie

Bis zur Mitte des 20. Jahrhunderts konzentrierte sich die Führungsforschung hauptsächlich auf die Great-Man-Theorie, die vielfach auch mit der Eigenschaftstheorie

insgesamt gleichgesetzt wird. Die Great-Man-Theorie ist in erster Linie an berühmten Einzelpersonen der Geschichte, sowohl aus Politik und Militär als auch dem Sozialbereich, ausgerichtet. Demzufolge sei nur eine kleine Minderheit der Menschen aufgrund ihrer Persönlichkeitsstruktur in der Lage, Führungsaufgaben auszuüben. Führende werden als einzigartige Persönlichkeiten angesehen, ausgestattet mit angeborenen Qualitäten und Charaktereigenschaften, die sie auf natürliche Weise zur Führung befähigten. Im Mittelpunkt des Forschungsinteresses steht daher die Frage, welche dieser Qualitäten und Charaktereigenschaften einen erfolgreichen von einem erfolglosen Führer und was den Führer von den Geführten unterscheidet [vgl. Staehle 1999, S. 331 f.].

Aus einer Vielzahl von Studien, in denen unterschiedliche Charaktereigenschaften untersucht wurden und deren Systematisierung auf Ralph Stogdill [1948 und 1974] zurückgeht, konnten fünf Merkmalsgruppen identifiziert werden, die einen korrelativen Bezug zum Führungserfolg haben [vgl. von Rosenstiel 2003, S. 7 f.]:

* **Befähigung** (Intelligenz, Wachsamkeit, verbale Gewandtheit, Originalität, Urteilskraft);
* **Leistung** (Schulische Leistung, Wissen, sportliche Leistung);
* **Verantwortlichkeit** (Zuverlässigkeit, Initiative, Ausdauer, Aggressivität, Selbstvertrauen, Wunsch, sich auszuzeichnen);
* **Partizipation** (Aktivität, Soziabilität, Kooperationsbereitschaft, Anpassungsfähigkeit, Humor);
* **Status** (Sozioökonomische Position, Popularität).

Die Sichtweise, dass Führungserfolg lediglich auf die Persönlichkeitsmerkmale des Führers zurückzuführen ist, gilt heute als überholt. Doch trotz aller Kritik genießt dieser Ansatz immer noch große Popularität, da die Grundannahmen der Theorie dem „Elitedenken" vieler Manager entsprechen. Auch ist offensichtlich, dass die Person des Führenden eine sehr wichtige Variable im Führungsprozess darstellt.

3.1.2 Theorie der charismatischen Führung

Unter den eigenschaftsorientierten Führungsansätzen wird die Theorie der charismatischen Führung meist zuerst genannt. Sie geht von der Annahme aus, dass die Ausstrahlung einer Führungskraft in hohem Maße das Verhalten der geführten Mitarbeiter beeinflusst. Für Max Weber [1976] ist **Charisma** einer der Auslöser für Autorität. Charismatische Führung kann zu außerordentlicher Motivation und zu überdurchschnittlichen Leistungen der Geführten führen. Voraussetzung dafür ist, dass die Führungsperson von den Mitarbeitern als charismatisch erlebt wird [vgl. Stock-Homburg 2013, S. 459].

Folgende Indikatoren der charismatischen Führung können festgestellt werden [vgl. House 1977, S. 206 ff.]:

- Auf Seiten der Mitarbeiter: absolutes Vertrauen, Akzeptanz, Zuneigung, Folgsamkeit und Loyalität gegenüber der Führungskraft.

- Auf Seiten der Führungskraft: ungewöhnlich ausgeprägte visionäre Kraft, starker Machtwille, Dominanz, Einflussstreben, hohes Selbstbewusstsein und Glaube an die eigenen Werte.

Diese Indikatoren bilden die Voraussetzung für charismatische Führung, die Robert House anhand eines mehrstufigen Prozesses beschriebt (siehe Abbildung 3-01).

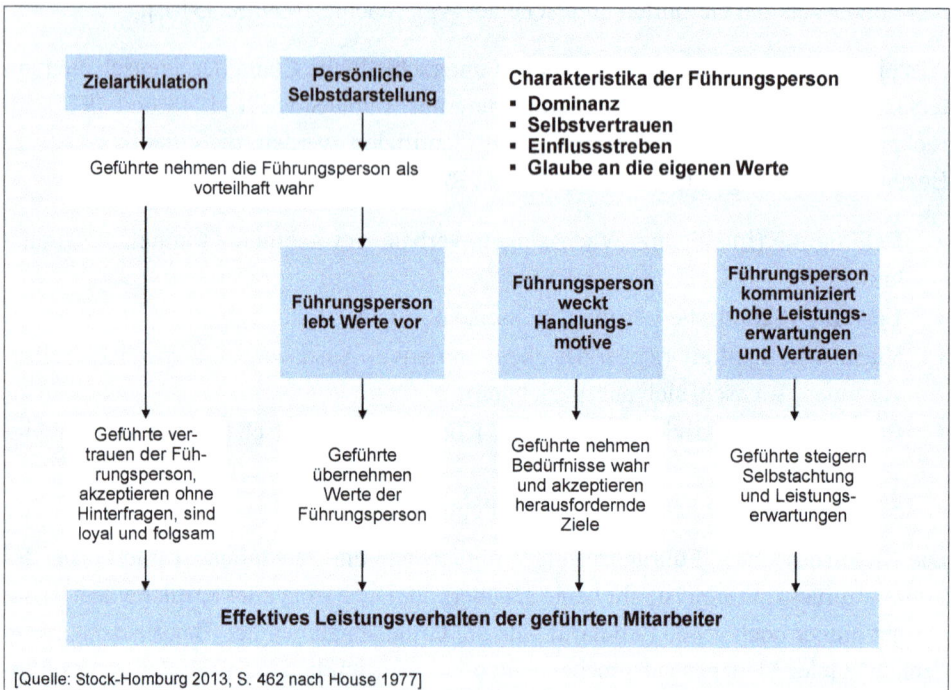

[Quelle: Stock-Homburg 2013, S. 462 nach House 1977]

Abb. 3-01:   Prozess der charismatischen Führung nach House

Allerdings sind mit der charismatischen Führung nicht nur Chancen, sondern auch Risiken verbunden. So unterbleibt häufig ein kritisches Hinterfragen der Vision und ihrer Implementation. Charismatische Persönlichkeiten sind in der Lage, fundamentale Veränderungen in Organisationen und Gesellschaften zu bewirken. Diese können zu außergewöhnlichen Erfolgen, aber auch zu Misserfolgen führen. Somit ist ein bewusster, reflektierender Umgang mit dem Phänomen *Charisma* erforderlich [vgl. Hauser 2000, S. 69].

Die Theorie der charismatischen Führung (und damit der Eigenschaftsansatz) hat in jüngster Zeit wieder an Bedeutung gewonnen („Neocharisma-Ansätze"); allerdings wird Charisma jetzt als stärker erlernbar angesehen [vgl. Schirmer/Woydt 2016, S. 205].

3.1.3 Theorie der transaktionalen/transformationalen Führung

Dieser Forschungsansatz, der ebenfalls zu den eigenschaftsorientierten Führungstheorien zählt, unterscheidet im Kern zwischen zwei Aspekten der Führung: der transaktionalen und der transformationalen Führung. Der transaktionale Ansatz wurde in den 1980er Jahren schrittweise durch Forschungsarbeiten auf transformationaler Basis insbesondere von Bernard Bass [1985] ergänzt [vgl. Stock-Homburg 2013, S. 463].

- Die Idee der **transaktionalen Führung** beruht auf zweiseitigen Nutzenkalkülen zwischen Führungsperson und Mitarbeitern. Führung wird dabei im Wesentlichen als Austauschprozess begriffen. Die Führungskraft hat ein spezifisches Bündel an Zielen, das sie für sich und das Unternehmen verfolgt. Die Aufgabe der Führungskraft besteht nun darin, den Mitarbeitern zu verdeutlichen, welche Leistungen von ihnen erwartet werden und welche Anreize diese im Gegenzug erhalten. Die transaktionale Führung erfolgt im Rahmen dieses Austauschprozesses nach dem Prinzip „Geben und Nehmen" [vgl. Scholz 2011, S. 391 und 403].

- Die **transformationale Führung**, die eine starke Nähe zur Theorie der charismatischen Führung aufweist, zielt dagegen auf die Beeinflussung grundlegender Überzeugungen der Geführten ab. Durch charismatisches Verhalten, Inspiration, intellektuelle Stimulation und individuelle Wertschätzung wird der Mitarbeiter dazu gebracht, Dinge völlig neu zu sehen und zu tun, sein Anspruchsniveau und seine Einstellung zu verändern und sich ggf. für höhere Ziele einzusetzen. Die transformationale Führung trägt insbesondere bei Veränderungsprozessen dazu bei, Visionen in Unternehmen zu verankern und erfolgreich umzusetzen [vgl. Stock-Homburg 2013, S. 463 ff.].

Abbildung 3-02 grenzt die transaktionale von der transformationalen Führung ab.

Merkmal \ Facette der Führung	Transaktionale Führung	Transformationale Führung
Koordinations-mechanismen der Führung	• Verträge • Belohnung • Bestrafung	• Begeisterung • Zusammengehörigkeit • Vertrauen • Kreativität
Ziel der Mitarbeitermotivation	Äußere Anreize (extrinsisch)	Die Aufgabe selbst (intrinsisch)
Fokus der Zielerreichung	Eher kurzfristig	Mittel- bis langfristig
Zielinhalte	Materielle Ziele	Ideelle Ziele
Rolle der Führungsperson	Instrukteur	• Lehrer • Coach

[Quelle: STOCK-HOMBURG 2013, S. 464]

Abb. 3-02: Abgrenzung zwischen transaktionaler und transformationaler Führung

Der Austauschgedanke „Geld gegen Leistung" aus der transaktionalen Führung führte letztlich zur transformationalen Führung, die aber durch Charisma, Inspiration, Wertschätzung und intellektuelle Stimulierung ein Mitreißen der Geführten zu höheren Leistungsebenen propagiert *(„full range of leadership")* [vgl. Schirmer/Woydt 2016, S. 205].

3.1.4   DISG®-Konzept

Auf Grundlage der Überlegungen von William M. Marston [1928] entwickelte John Geier [1958] mit dem DISG®-Persönlichkeitsprofil ein Instrument, das sich im Personalmanagement und insbesondere bei der Führungskräftebewertung einer zunehmenden Beliebtheit erfreut [vgl. Gay 2006, S. 17 ff.].

Das DISG®-Konzept zeigt persönlichkeitsbedingte Verhaltensweisen erfolgreicher Führungspersonen auf und zählt damit ebenfalls zu den eigenschaftsorientierten Führungstheorien. Dabei wird angenommen, dass die Verhaltenstendenzen einer Führungskraft durch seine Persönlichkeitsstruktur bestimmt werden. Die Persönlichkeitsstruktur ($\rightarrow$ Persönlichkeitsprofil) wiederum hängt davon ab, welche Anteile eine Führungskraft an bestimmten Persönlichkeitsmerkmalen aufweist. Die Verhaltenstendenzen selbst werden festgemacht an den beiden Faktoren

- **Wahrnehmung des Umfeldes**, d. h. inwieweit eine Führungsperson die situativen Rahmenbedingungen als angenehm bzw. anstrengend (stressig) empfindet und

- **Reaktion auf das Umfeld**, d. h. inwieweit eine Führungskraft situative Herausforderungen eher bestimmt (aktiv) oder eher zurückhaltend (passiv) annehmen [vgl. Gay 2006, S. 18 f.].

Marston entwickelte aus dieser anfänglichen Unterscheidung die beiden Dimensionen extrovertiert/introvertiert und aufgabenorientiert/menschenorientiert. Auf dieser Basis definierte er die folgenden vier Grundtypen der Persönlichkeit:

- **Dominant (D)** als extrovertiertes und rational/aufgabenorientiertes Verhalten

- **Initiativ (I)** als extrovertiertes und emotional/menschenorientiertes Verhalten

- **Stetig (S) als** introvertiertes und emotional/menschenorientiertes Verhalten

- **Gewissenhaft (G)** als introvertiertes und rational/aufgabenorientiertes Verhalten.

Damit sind zugleich auch die **vier Quadranten** des DISG®-Konzeptes beschrieben (siehe Abbildung 3-03).

Abb. 3-03: Die vier Quadranten des DISG-Konzeptes

Jedes der vier Persönlichkeitsmerkmale verfügt über Stärken und Schwächen in Bezug auf das Führungsverhalten [vgl. Stock-Homburg 2013, S. 473 ff.]:

- Das Merkmal **Dominanz** zeichnet eine Führungsperson mit hoher Entschlossenheit, Zielorientierung und Aktivität aus. Andererseits haben solche Führungskräfte ein hohes Maß an Ungeduld und nur eine geringe Bereitschaft und Fähigkeit zum Zuhören.

- Eine hohe Ausprägung des Merkmals **Initiative** charakterisiert eine Führungskraft mit positiver Umfeldwahrnehmung, die ihre Mitarbeiter begeistert und sich für sie einsetzt. Auf der anderen Seite konzentrieren sich solche Führungskräfte ungern auf Fakten und Details.

- Führungskräfte mit einer hohen Ausprägung des Merkmals **Stetigkeit** haben ein hohes Sicherheitsbedürfnis, eine hohe Loyalität zum Unternehmen und eine ruhige und freundliche Ausstrahlung. Anderseits werden solche Führungspersonen ungern initiativ und haben nur eine geringe Konfliktbereitschaft.

- Das Merkmal **Gewissenhaftigkeit** charakterisiert Führungskräfte, die gründlich und ausdauernd sind sowie Daten mit hoher Präzision analysieren. Auf der anderen Seite haben solche Führungspersonen nur eine begrenzte Fähigkeit zur Improvisation und eine geringe Umsetzungsgeschwindigkeit aufgrund der Neigung zum Perfektionismus.

Die Anwendung des DISG®-Konzepts als Testverfahren im Rahmen der Führungskräftebewertung erfolgt in der Regel durch Selbsteinschätzung der betroffenen Führungsperson. Dabei wird diese gebeten, sich selbst in einer vorgegebenen Situation anhand einer Reihe von kurzen Aussagen einzuschätzen. Anschließend werden die Aussagen anhand eines Lösungsschemas ausgewertet, wobei jede Aussage einem Buchstaben (D, I, S bzw. G) zugeordnet wird.

Naturgemäß sind die vier Kategorien Idealtypen. Jedes Individuum ist eine Mischung daraus mit unterschiedlich starken Ausprägungen von Dominanz, Initiative, Stetigkeit und Gewissenhaftigkeit. Außerdem kann die Tendenz je nach Umfeld sehr stark variieren. So können Personen in der Arbeitswelt sehr dominant sein, während sie privat eher initiativ sind.

Zwischenzeitlich zählt das DISG®-Persönlichkeitsprofil zu den am häufigsten verwendeten Persönlichkeitsmodellen in der Unternehmenspraxis. Bereits 2006 setzten nach Gay [2006, S. 21] weltweit mehr als 10.000 autorisierte Trainer (davon über 3.000 in Deutschland) das DISG®-Profil ein. Das Grundmuster wird dabei häufig dahingehend modifiziert, dass den vier Kategorien sowohl Farben als auch bestimmte Eigenschaften zugeordnet sind (siehe Abbildung 3-04).

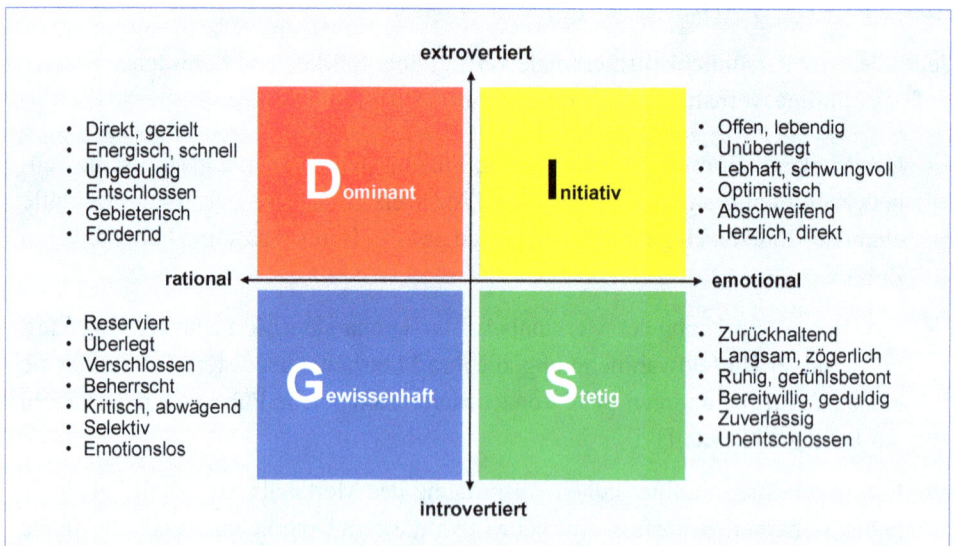

extrovertiert

- Direkt, gezielt
- Energisch, schnell
- Ungeduldig   **D**ominant   **I**nitiativ
- Entschlossen
- Gebieterisch
- Fordernd

• Offen, lebendig
• Unüberlegt
• Lebhaft, schwungvoll
• Optimistisch
• Abschweifend
• Herzlich, direkt

rational ←→ emotional

- Reserviert
- Überlegt
- Verschlossen
- Beherrscht   **G**ewissenhaft   **S**tetig
- Kritisch, abwägend
- Selektiv
- Emotionslos

• Zurückhaltend
• Langsam, zögerlich
• Ruhig, gefühlsbetont
• Bereitwillig, geduldig
• Zuverlässig
• Unentschlossen

introvertiert

Abb. 3-04:   Die vier Grundtypen des DISG®-Persönlichkeitsprofils

Stock-Homburg [2013, S. 482] betont zwar, dass das primär in der Unternehmenspraxis angewendete DISG® Persönlichkeits-Profil auf empirischer Basis mehrfach auf Validität und Reliabilität überprüft und die grundlegenden Dimensionen des Profils bestätigt wurden. Auf der anderen Seite werden Bedenken dahingehend geäußert, dass das äußerst komplexe Phänomen „Persönlichkeit" auf vier Dimensionen reduziert und somit das Denken in „Schubladen" gefördert wird [vgl. Myers 2010, S. 554 ff.].

Kritiker gehen zudem davon aus, dass das Modell veraltet ist. Stattdessen bevorzugen Persönlichkeitsforscher inzwischen die fünf großen Persönlichkeitsdimensionen

- **Offenheit** (Aufgeschlossenheit),

- **Gewissenhaftigkeit** (Perfektionismus),

- **Geselligkeit** (Extraversion),

- **Kooperationsbereitschaft** (Rücksichtnahme, Verträglichkeit, Empathie) und

- **Verletzlichkeit** (emotionale Labilität und Neurotizismus).

Diese fünf Faktoren – auch **Big Five** genannt – wurden auf der Basis von über 18.000 Begriffen durch Faktorenanalyse als sehr stabile, unabhängige und weitgehend kulturunabhängige Merkmale gefunden und durch eine Vielzahl von Studien belegt. Sie gelten heute international als das universelle Standardmodell in der Persönlichkeitsforschung.

Obwohl das DISG®-Modell von den Persönlichkeitsforschern als nicht mehr zeitgemäß angesehen wird, erfreut es sich bei Unternehmen, Trainern und Personalberatern immer noch großer Beliebtheit, die nicht zuletzt auf den sogenannten **Barnum-Effekt** zurückzuführen sei. Danach schreibt man wünschenswerten, weit verbreiteten oder auch ungenauen Aussagen gern zu, dass sie genau auf die eigene Person passen, obwohl sie auch für viele andere Menschen gültig sind. Abbildung 3-05 soll diesen Effekt verdeutlichen [vgl. Ionos Startup Guide].

DISG®-Test	Sternzeichen	DISG®-Test	Sternzeichen
Typ D(ominant)	**Löwe**	**Typ S(tetig)**	**Krebs**
Egozentrisch	Egozentrisch	Passiv	Bequem
Direkt	Unverklemmt	Geduldig	Empfänglich
Herrisch	Führungsstark	Loyal	Emotional verbunden
Anspruchsvoll	Anspruchsvoll	Mitfühlend	Einfühlsam
Entschlossen	Mutig	Verbindlich	Verbindlich
Willensstark	Selbstbewusst	Voraussagbar	Harmoniebedürftig
Konkurrierend	Geltungsbedürftig	Teamfähig	Kontaktstark

[Quelle: modifiziert nach Lau, V.: Schwarzbuch Personalentwicklung, Stuttgart 2015, S. 217

Abb. 3-05: Vergleich DISG-Test und Sternzeichen („Barnum-Effekt")

Zusammenfassend lässt sich feststellen, dass sich das DISG®-Modell durchaus für eine schnelle Analyse von Gesprächspartnern, weniger jedoch für eine tiefergehende Analyse von Persönlichkeitsmotiven eignet.

3.2 Verhaltensorientierte Führungsansätze

Verhaltensorientierte Führungsansätze werden auch als **Führungsstilkonzepte** bezeichnet. Führungsstile als regelmäßig wiederkehrende Muster des Führungsverhaltens können häufig nur anhand mehrerer Merkmale beschrieben werden. Zu diesen Beschreibungsmerkmalen zählen die von einer Führungskraft wahrgenommene Bedeutung der Zielerreichung, die Art der Willensbildung, die Beziehungen in der Gruppe der Geführten, die Form der Kontrolle, die Art der Sanktionierung und die Einstellung und Fürsorge einer Führungsperson gegenüber den Mitarbeitern. Die Führungsstilforschung versucht nun, dass hierin begründete Komplexitätsproblem durch die Bildung von Führungsstiltypen zu vereinfachen [vgl. Macharzina/Wolf 2010, S. 580 unter Bezugnahme auf Baumgarten 1977, S. 27].

Unter den verschiedenen Führungsstilkonzepten sollen hier

- das autoritäre vs. kooperative Führungsstil-Konzept,
- der Ohio-State-Leadership-Quadrant und
- das Verhaltensgitter-Modell

vorgestellt werden.

3.2.1   Führungsstilkontinuum

Das Führungsstilkontinuum von Robert Tannenbaum und Warren Schmidt [1958] ist der Klassiker unter den verhaltensorientierten Forschungsansätzen. Autoritärer und kooperativer Führungsstil werden als Extrempunkte eines eindimensionalen Kontinuums betrachtet (siehe Abbildung 3-06):

- Das **autoritäre Verhalten** ist dadurch gekennzeichnet, dass die Führungskraft den Mitarbeitern die Aufgaben zuweist, dass sie die Art der Aufgabenerfüllung vorschreibt und dass sie den Mitarbeitern keine persönliche Wertschätzung entgegenbringt [vgl. Steinmann/Schreyögg 2005, S. 653].

- Das **kooperative Verhalten** der Führungskraft dagegen gestattet den Mitarbeitern, ihre Arbeitsaufgaben selbst zu verteilen sowie Aufgabe und Zielsetzung in der Gruppe zu diskutieren. Die Führungskraft bringt allen Mitgliedern der Gruppe eine hohe Wertschätzung entgegen und sich selbst aktiv in das Gruppenleben ein [vgl. Steinmann/Schreyögg 2005, S. 653].

| Autoritärer Führungsstil | ⟵ | | | | | ⟶ | Kooperativer Führungsstil | |

Entscheidungsgewicht beim Vorgesetzten

Entscheidungsspielraum der Gruppe

Autorität	Patriar-chalisch	Beratend	Konsultativ	Partizipativ	Delegativ	Kooperativ
Führungskraft entscheidet und ordnet an	Führungskraft entscheidet, ist aber bestrebt, die Mitarbeiter zu überzeugen	Führungskraft entscheidet, erbittet aber Fragen und Stellung-nahmen	Führungskraft entscheidet, Mitarbeiter werden recht-zeitig informiert und können Vorschläge einbringen	Führungskraft entscheidet sich für eine Möglichkeit aus den Vorschlägen der Mitarbeiter	Mitarbeiter entscheiden; Führungskraft legt Entschei-dungsspiel-raum fest	Mitarbeiter entscheiden; Führungskraft koordiniert nach innen und außen

[Quelle: Tannenbaum/Schmidt 1958, S. 96]

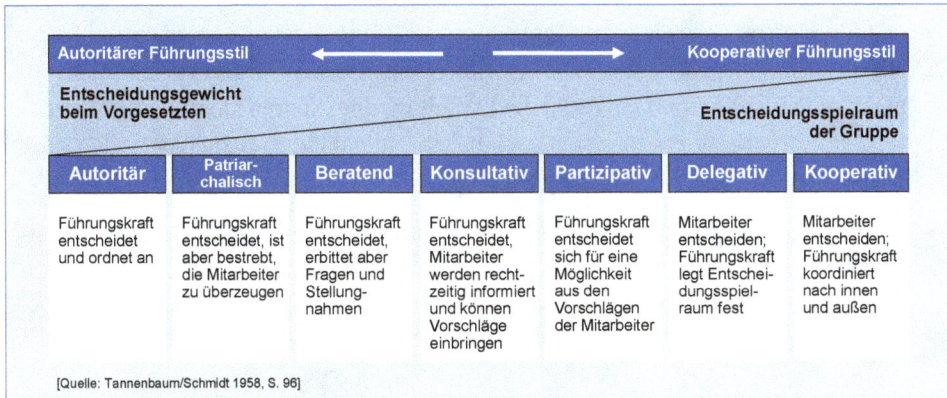

Abb. 3-06:   Eindimensionale Klassifikation von Führungsstilen

Nach Auffassung von Tannenbaum/Schmidt ist grundsätzlich keiner der sieben Füh-rungsstile zu bevorzugen. Je nach Konstellation der Führungssituation ist ein unter-schiedlicher Führungsstil erforderlich. Um erfolgreich zu führen, muss die Führungs-kraft die verschiedenen Einflussfaktoren richtig einschätzen und in der Lage sein, sein Führungsverhalten den jeweiligen Gegebenheiten anzupassen. Wesentlicher Kritik-punkt an diesem Modell ist, dass nur ein Verhaltensmerkmal der Führung, nämlich die Entscheidungspartizipation, berücksichtigt wird [vgl. Jung 2017, S. 424].

3.2.2   Ohio-State-Leadership-Quadrant

Die Erkenntnisse der Ohio-Studien sind in hohem Maße prägend für die Führungsstil-forschung. Das Forscherteam der Ohio-State-University um Andrew Halpin und Ben Winer [1957] identifizierte zwei unabhängige *Grunddimensionen* des Führungsverhal-tens:

• Leistungs- bzw. Aufgabenorientierung *(engl. Initiating Structure)* und

• Mitarbeiter- bzw. Beziehungsorientierung *(engl. Consideration).*

Der wesentliche Unterschied zu den traditionellen Führungsstiltheorien liegt in einer Abkehr von der Annahme des eindimensionalen Führungsstilkontinuums. Leistungs-bzw. Aufgabenorientierung und Mitarbeiter- bzw. Beziehungsorientierung werden nicht mehr als sich gegenseitig ausschließend betrachtet, sondern als zwei unabhängige Fak-toren, die kombinierbar sind und gemeinsam zur Beschreibung von Führungsverhalten dienen. Eine Führungsperson kann demnach gleichzeitig eine hohe Beziehungsorientie-rung und eine hohe Aufgabenorientierung aufweisen [vgl. Hungenberg/Wulf 2011, S. 369].

- Die Verhaltensdimension **Leistungs- bzw. Aufgabenorientierung** bezieht sich auf die *sachliche* Ebene der Führung. Sie kennzeichnet beispielsweise das Setzen und Kommunizieren klarer Ziele, die Definition und Abgrenzung von Kompetenzen, die sorgfältige Planung der wichtigsten Aufgaben, Ergebniskontrollen oder das Setzen von externen Leistungsanreizen.

- Die Verhaltensdimension **Mitarbeiter- bzw. Beziehungsorientierung** betont dagegen die *zwischenmenschliche* Beziehung. Sie charakterisiert den persönlichen Respekt, die Wertschätzung gegenüber dem Mitarbeiter und die Rücksichtnahme auf die Belange der Mitarbeiter.

Legt man die beiden Dimensionen des Führungsverhaltens zu Grunde, so lassen sich in Form des Ohio-State-Quadranten vier grundlegende Führungsstile identifizieren (siehe Abbildung 3-07).

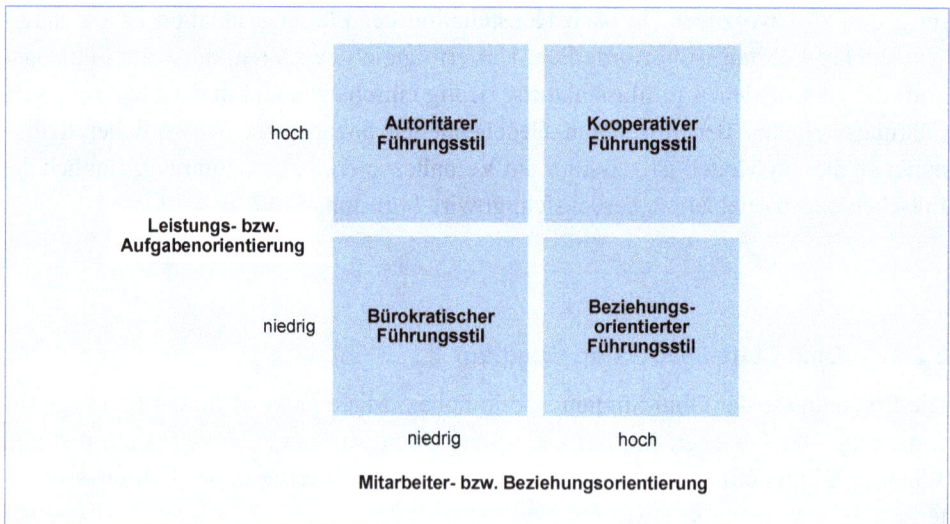

Abb. 3-07: Die Führungsstile des Ohio-State-Quadranten

Weiterführende Arbeiten haben sich mit der Erweiterung des Ohio-State-Leadership-Quadranten befasst, in dem sie mit **Kundenorientierung** eine weitere Dimension hinzugefügt haben. Dabei wurde gezeigt, dass alle drei Führungsverhaltungsdimensionen (Leistungs-, Mitarbeiter- und Kundenorientierung) in Abhängigkeit von der jeweiligen Ausprägung zu fünf typischen Profilen des Führungsverhaltens führen [vgl. Stock-Homburg 2013, S. 488 f.]:

1. Profiltyp: **„Der autoritäre Kundenorientierte"** (hohe Leistungs- und Kundenorientierung)
2. Profiltyp: **„Der Softie"** (hohe Kunden- und Mitarbeiterorientierung)
3. Profiltyp: **„Der Treter"** (hohe Leistungsorientierung)

4. Profiltyp: **„Der interne Optimierer"** (hohe Leistungs- und Mitarbeiterorientierung)
5. Profiltyp: **„Der Manager mit ausgewogenem Führungsverhalten"** (hohe Leistungs-, Mitarbeiter- und Kundenorientierung)

3.2.3   Verhaltensgitter-Modell

Das Verhaltensgitter-Modell (auch als *Managerial Grid* bezeichnet), das 1960 von Robert Blake und Jane Mouton im Rahmen eines Führungstrainings für Exxon entwickelt wurde, baut unmittelbar auf den Erkenntnissen der Ohio-Studien auf. Es arbeitet ebenfalls mit den beiden Dimensionen **Aufgabenorientierung** und **Beziehungsorientierung**, wobei diese mit ihren unterschiedlichen Ausprägungen in einem **Verhaltensgitter** auf zwei Achsen erfasst werden. Die eine Achse beschreibt das Bemühen um den Mitarbeiter (Mitarbeiterorientierung als sozio-emotionale Orientierung), die andere Achse zeigt das Interesse an der Aufgabe auf (Aufgabenorientierung als sach-rationale Orientierung).

Der prinzipielle Unterschied zum Ohio-Modell besteht darin, dass Blake und Mouton die beiden Dimensionen nicht in zwei, sondern in neun Stufen einteilen. Somit lassen sich theoretisch 81 verschiedenen Führungsstile abbilden. Blake und Mouton konzentrieren sich jedoch auf fünf zentrale Führungsstile: 1.1, 1.9, 5.5, 9.1 und 9.9 [vgl. Blake/Mouton 1964, S. 14 ff.].

Abbildung 3-08 zeigt eine vereinfachte Darstellung dieses Verhaltensgitters.

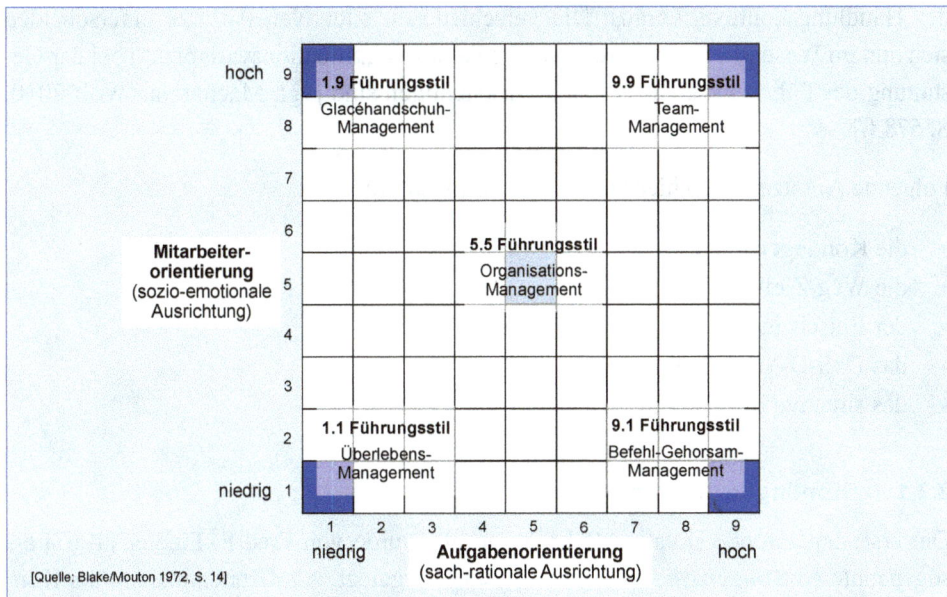

Abb. 3-08:   Das Verhaltensgitter (GRID-System)

Blake und Mouton bewerten den Führungsstil 9.1 als nicht sinnvoll, den Führungsstil 5.5 als unpraktisch, den Führungsstil 1.9 als idealistisch und den Führungsstil 1.1 als unmöglich. Erstrebenswert ist ihrer Ansicht nach ausschließlich der Führungsstil 9.9. Die Vorteilhaftigkeit dieses Führungsstils konnte allerdings empirisch nicht nachgewiesen werden.

Wenn auch das Verhaltensgitter auf anschauliche Weise das breite Spektrum von möglichen Führungsverhaltensweisen darstellt, so ist doch die Frage zu stellen, ob der Führungsstil 9,9 überhaupt praktizierbar ist. So lässt sich eher die These vertreten, dass erfolgreiche Personalführung durch einen Führungsstil gekennzeichnet ist, der rechts der Diagonale zwischen den Führungsstilen 1.9 und 9.1 liegt. Ebenso ist grundsätzlich zu fragen, ob zweidimensionale Erklärungsansätze überhaupt in der Lage sind, die Komplexität von Führungsprozessen abzubilden, ohne die situativen Rahmenbedingungen, also die Abhängigkeit von bestimmten Führungssituationen zu berücksichtigen [vgl. Steinmann/Schreyögg 2005, S. 662 f.; Hungenberg/Wulff 2011, S. 371].

3.3 Situative Führungsansätze

Die Situationstheorie der Personalführung geht davon aus, dass die Vorteilhaftigkeit des Führungsverhaltens von den jeweiligen situativen Umständen abhängt. Daher – so die Situationstheorie – setzt eine erfolgreiche Personalführung auch immer eine Analyse des Handlungskontexts voraus. Die verschiedenen situativen Ansätze unterscheiden sich nun im Wesentlichen dadurch, welche Faktoren („Situationsvariablen") bei der Gestaltung des Führungsverhaltens zu berücksichtigen sind [vgl. Macharzina/Wolf 2010, S. 578 f.].

Folgende Ansätze sollen hier kurz vorgestellt werden:

* die Kontingenztheorie,
* die Weg-Ziel-Theorie,
* der Entscheidungsbaum,
* das Drei-D-Modell und
* das situative Reifegradmodell.

3.3.1   Kontingenztheorie

Der erste umfassende situative Führungsansatz wurde von Fred F. Fiedler [1967] als sogenannte **Kontingenztheorie der Führung** vorgelegt. Als Grundannahme der Kontingenztheorie gilt, dass der Führungserfolg vom Zusammenspiel des Führungsverhaltens und der Führungssituation abhängt. Im Kern geht es Fiedler darum, einen optimalen

Fit zwischen der Führungsperson und ihrer individuellen Führungssituation zu finden, um eine hohe Leistung der geführten Gruppe sicherzustellen. Die Kontingenztheorie stellt folgende drei Kernvariablen in den Mittelpunkt [vgl. Steinmann/Schreyögg 2005, S. 667 ff.]:

- Führungsstil,
- Führungserfolg und
- Führungssituation.

Zur Messung des **Führungsstils** unterscheidet Fiedler zwischen einem aufgabenbezogenen und einem personenbezogenen Führungsstil. Er nutzt dabei den von ihm entwickelten LPC-Wert *(LPC = Least Preferred Coworker)*, der mit Hilfe eines Fragebogens ermittelt wird. Der Fragebogen, der von den Führungskräften ausgefüllt wird, enthält 16 bipolare Paare von Adjektiven (z. B. das Gegensatzpaar „freundlich – unfreundlich"). Der LPC-Wert ergibt sich dann aus der Summe der Einzelbewertungen. Ein hoher LPC-Wert besagt, dass die betreffende Führungskraft den am wenigsten geschätzten Mitarbeiter noch relativ wohlwollend beurteilt. Eine solch positive Beurteilung gilt als Indikator für einen personenbezogenen Führungsstil. Ein niedriger LPC-Wert, also eine durchgehend negative Bewertung des am wenigsten geschätzten Mitarbeiters, wird als aufgabenorientierter Führungsstil gewertet.

Untersucht man die beiden mittels LPC-Wert gemessenen Führungsstile auf ihre Erfolgsrelevanz, so ergibt sich nach Fiedler als zweite Kernvariable der **Führungserfolg**. Als Führungserfolg wird die Effektivität der Führung in Bezug auf die Leistungen bzw. Produktivität der geführten Mitarbeiter und deren Zufriedenheit angesehen.

Zur Operationalisierung der **Führungssituation** führt Fiedler das Konstrukt *„situationale Günstigkeit"* mit folgenden drei Variablen an:

- **Positionsmacht** (mit den beiden Ausprägungen „stark" und „schwach"), d. h., inwieweit die Führungskraft aufgrund ihrer hierarchischen Position im Unternehmen in der Lage ist, die von ihm geführten Mitarbeiter zu beeinflussen;

- **Aufgabenstruktur** (mit den beiden Ausprägungen „hoch" und „niedrig"), d. h., je höher der Strukturierungsgrad der Aufgabe ist, umso leichter und einfacher lassen sich die Aktivitäten der geführten Mitarbeiter koordinieren und kontrollieren;

- **Beziehung zwischen Führungskraft und geführten Mitarbeitern** (mit den beiden Ausprägungen „gut" und „schlecht"), d. h., je besser das Verhältnis zwischen der Führungsperson und seinen Mitarbeitern auf zwischenmenschlicher Ebene ist, desto leichter ist tendenziell die Führungssituation.

Da alle drei Variablen jeweils zwei Ausprägungen besitzen, ergeben sich aus deren Kombination insgesamt acht mögliche Führungssituationen. Die so ermittelten Führungssituationen lassen sich nun danach systematisieren, inwieweit sie die Aktivitäten einer Führungskraft begünstigen. Fiedler selbst bezeichnet seinen Ansatz als „*Kontingenztheorie der Führungseffektivität*", weil er die Effekte verschiedener Führungsstile abhängig *(= kontingent)* von den drei situativen Variablen macht [vgl. Neuberger 2002, S. 498].

Abbildung 3-09 veranschaulicht das Zusammenwirken von Führungsstil, Führungserfolg und Führungssituation nach der Kontingenztheorie.

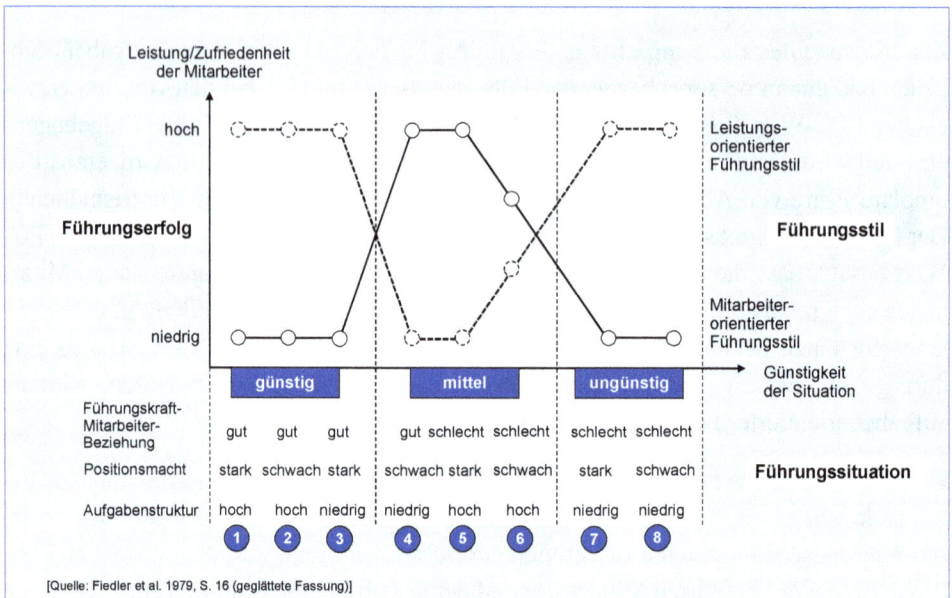

Leistung/Zufriedenheit der Mitarbeiter

	günstig			mittel			ungünstig	
Führungskraft-Mitarbeiter-Beziehung	gut	gut	gut	gut	schlecht	schlecht	schlecht	schlecht
Positionsmacht	stark	schwach	stark	schwach	stark	schwach	stark	schwach
Aufgabenstruktur	hoch	hoch	niedrig	niedrig	hoch	hoch	niedrig	niedrig
	1	2	3	4	5	6	7	8

Leistungsorientierter Führungsstil

Mitarbeiterorientierter Führungsstil

Führungserfolg — Führungsstil

Günstigkeit der Situation

Führungssituation

[Quelle: Fiedler et al. 1979, S. 16 (geglättete Fassung)]

Abb. 3-09: Kontingenztheorie von Fiedler

Der wesentliche Unterschied zu den Annahmen des Ohio-Modells (und damit auch des Verhaltensgitter-Modells) liegt darin, dass in verschiedenen Führungssituationen durchaus unterschiedliche Führungsstile geeignet sind. So sind nach den Annahmen von Fiedler Führungspersonen in besonders günstigen oder in besonders ungünstigen Situationen mit einem leistungsorientierten Führungsstil erfolgreicher als mit Führungsstil, der mitarbeiterbezogen ist. Dagegen erweist sich der mitarbeiterorientierte Führungsstil in Situationen mit mittlerer Günstigkeit als besonders geeignet [vgl. Stock-Homburg 2013, S. 495].

Diese „intuitive Plausibilität" von Fiedlers Ergebnissen konnte allerdings empirisch nicht bestätigt werden. Neben den Messproblemen werden als weitere Schwächen genannt: der sehr einseitige und eindimensionale LPC-Wert, die selektive (und damit unvollständige) Auswahl der Situationsvariablen und die mangelnde Berücksichtigung des Einflusses des Führungsstils auf die Führungssituation. Gleichwohl kommt Fiedler das Verdienst zu, eine Grundlage für alle weiteren situativen Führungstheorien gelegt zu haben [vgl. Hungenberg/Wulff 2011, S. 376 f.].

3.3.2 Weg-Ziel-Theorie

Die Weg-Ziel-Theorie (engl. *Path Goal Theory*), die ebenfalls den situativen Führungs-ansätzen zuzurechnen ist, geht auf Robert J. House [1971] zurück. Die Bezeichnung „Weg-Ziel" meint, dass effektive Führungskräfte durch ihr Führungsverhalten in der Lage sind, den Mitarbeitern bei der Erfüllung ihrer Ziele als Wegbereiter zu dienen und Hindernisse aus dem Weg zu räumen. Dabei geht House im Gegensatz zu Fiedler davon aus, dass Führungskräfte je nach Situation ihr Führungsverhalten entsprechend anpas-sen. Der Einfluss des Führungsverhaltens auf den Führungserfolg wird als mehrstufige Wirkungskette betrachtet (siehe Abbildung 3-10). Dabei werden zunächst vier Ausprä-gungen des Führungsverhaltens unterschieden [vgl. Hungenberg/Wulff 2011, S. 381 f.]:

- **Unterstützende Führung** (engl. *Supportive Leadership*)
- **Direktive Führung** (engl. *Directive Leadership*)
- **Partizipative Führung** (engl. *Participative Leadership*)
- **Ergebnisorientierte Führung** (engl. *Achievement-oriented Leadership*).

Das Führungsverhalten mit seinen vier Ausprägungen stellt die unabhängige Variable dar. Der Führungserfolg (also die Leistungen und die Zufriedenheit der Mitarbeiter) als Zielgröße der Weg-Ziel-Theorie ist die abhängige Variable. Der Zusammenhang zwi-schen Führungsverhalten und Führungserfolg wird zusätzlich durch die Erwartungen und die Valenzen (d. h. Wertigkeit der Zielerfüllung) der geführten Mitarbeiter be-stimmt.

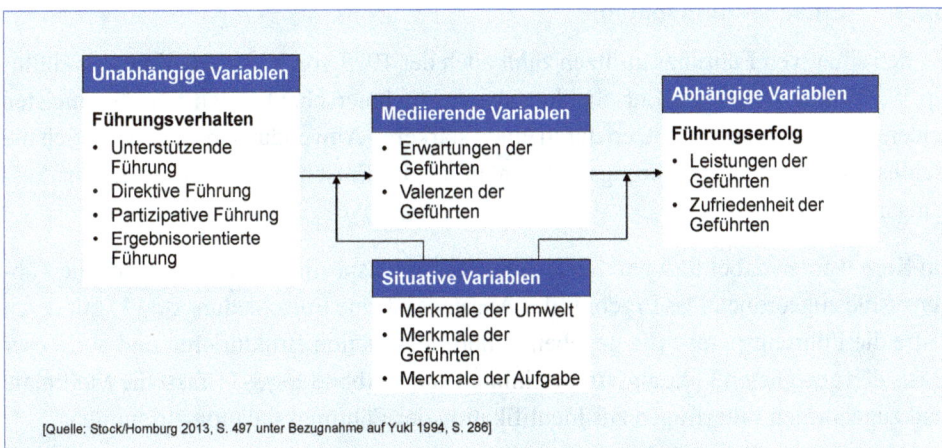

Abb. 3-10: Wirkungskette der Weg-Ziel-Theorie

Für House ist es nun bedeutsam, dass die Führungskraft ihr Verhalten auf die jeweilige Führungssituation, in der geführt wird, ausrichtet. Solche Führungssituationen können in der Weg-Ziel-Theorie durch Merkmale der Umwelt, Merkmale der Geführten und

Merkmale der Aufgabe selbst beeinflusst werden. Konkrete Ausprägungen dieser situativen Variablen können sein [vgl. Stock/Homburg 2008, S. 420 f.]:

- Mangelndes Selbstvertrauen der Mitarbeiter,
- Geringe Eindeutigkeit der Aufgaben,
- Geringer Grad der Herausforderung durch die Aufgabe,
- Ungerechte Belohnungen.

Für jede dieser Situationen gibt House Empfehlungen für die optimale Führung. So empfiehlt er bspw. bei einer geringen Eindeutigkeit der Aufgabe die direktive Führung, bei der die Erwartungen klar definiert und die Zuständigkeiten eindeutig geregelt werden. Erfolgreiche Führung im Sinne der Weg-Ziel-Theorie setzt also voraus, dass Führungskräfte die Situation und die Rahmenbedingungen analysieren, um das richtige Führungsverhalten danach auszurichten [vgl. Stock/Homburg 2008, S. 420 ff.].

Empirische Untersuchungen konnten nachweisen, dass die partizipative Führung bei komplexen Aufgabenstellungen besonders sinnvoll ist. Darüber hinaus wurden in diesen Untersuchungen die unterstützende und die ergebnisorientierte Führung als universell, d. h. kulturunabhängig einsetzbar identifiziert. Dagegen hängt der Führungserfolg der direktiven und der partizipativen von der jeweiligen Länderkultur ab [vgl. Sagie/Koslowski 1994; Schriesheim et al. 2006; Wofford/Liska 1993].

3.3.3   Entscheidungsbaum

Zu den situativen Führungsansätzen zählt auch der 1973 von Victor H. Vroom und Philip W. Yetton vorgelegte Entscheidungsbaum. Er unterscheidet sich von den meisten anderen theoretischen Ansätzen durch einen stärkeren Anwendungsbezug, da er sich die Schlüsselaktivität einer Führungskraft – nämlich das Entscheidungsverhalten zum Ausgangspunkt nimmt.

Im Kern werden dabei fünf praxisrelevanten Situationsprofilen fünf entsprechende Führungsstile zugeordnet. Das Ergebnis des Ansatzes ist eine Entscheidungslogik, mit deren Hilfe die Führungsperson die gegebene Führungssituation strukturieren und auf dieser Basis den geeigneten Führungsstil bestimmen kann. Abbildung 3-11 fasst die Merkmale und zugehörigen Filterfragen zur Identifikation der Führungssituation zusammen.

Mit Hilfe von sieben Filterfragen, die in den Entscheidungsbaum eingearbeitet werden, kann die Führungsperson ein Profil seiner Entscheidungssituation erstellen.

Situation	Situationsmerkmal	Filterfrage
A	Qualitätsanforderung	Ist die Qualität der Lösung von besonderer Bedeutung?
B	Informationsstand	Besitzt die Führungskraft alle relevanten Informationen?
C	Strukturiertheit des Problems	Ist das Problem strukturiert?
D	Mitarbeiterakzeptanz	Ist die Akzeptanz der Mitarbeiter wichtig für die Durchsetzung?
E	Einstellung der Mitarbeiter zu autoritärer Führung	Würde eine Alleinentscheidung der Führungskraft von den Mitarbeitern akzeptiert?
F	Akzeptanz der Organisationsziele durch die Mitarbeiter	Teilen die Mitarbeiter die Organisationsziele, die mit der Problemlösung erreicht werden sollen?
G	Gruppenkonformität	Wird es bei der Einigung über die vorzuziehende Lösung unter den Mitarbeitern zu Konflikten kommen?

[Quelle: Jago 1995, Sp. 1063]

Abb. 3-11:   Merkmale und Filterfragen zur Identifikation der Führungssituation

Den praxisrelevanten Situationsprofilen werden sodann folgende fünf Führungsstile zugeordnet:

AI: Führungskraft entscheidet allein und gibt Anweisungen (→ Führungsstil „Autokratisch I").

AII: Führungskraft holt zusätzliche Informationen bei den Mitarbeitern ein und entscheidet dann allein (→ Führungsstil „Autokratisch II").

BI: Führungskraft bespricht sich getrennt mit den einzelnen Mitarbeitern und fällt dann die Entscheidung (→ Führungsstil „Consultativ I").

BII: Führungskraft bespricht das Entscheidungsproblem in der Gruppe und fällt dann eine Entscheidung (→ Führungsstil „Consultativ II").

GII: Führungskraft präsentiert das Entscheidungsproblem der Gruppe, die das Problem diskutiert und anschließend gemeinsam entscheidet (→ Führungsstil „Demokratisch II").

Abbildung 3-12 liefert einen Überblick über den Entscheidungsbaum mit den Beziehungen zwischen Situationsprofilen und Führungsstilen.

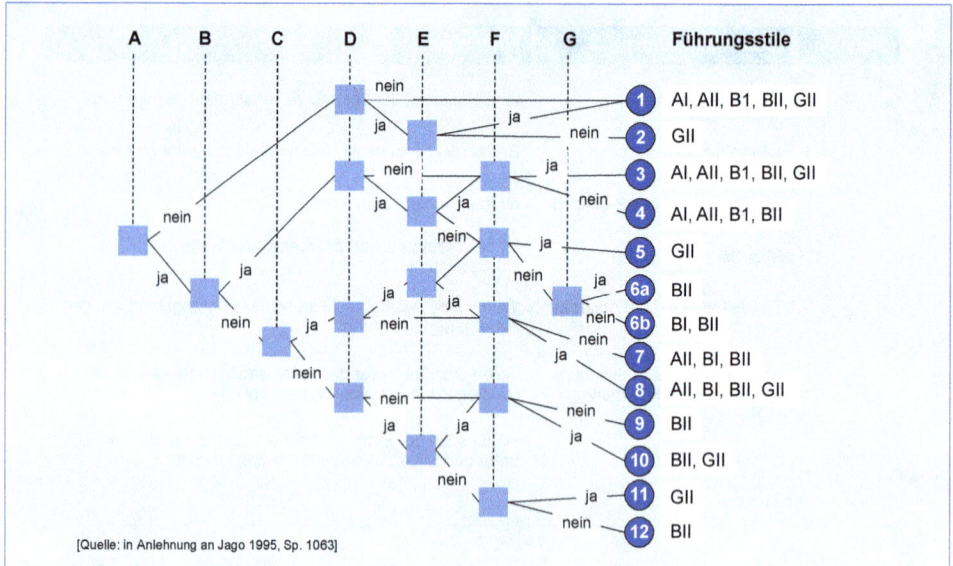

Abb. 3-12:   Entscheidungsbaum nach Vroom/Yetton

Da sich die fünf Führungsstile nur durch das Maß der Mitarbeiterpartizipation an den Entscheidungen unterscheiden, ist der Entscheidungsbaum von Vroom/Yetton den eindimensionalen Führungstheorien zuzuordnen. Neben der Eindimensionalität des Führungsstils wird auch die „mechanistische" Anlage und der damit verbundene ständige Wechsel zwischen den Führungsstilformen kritisiert [vgl. Jung 2006, S. 440 f.].

3.3.4   Drei-D-Modell

Das sogenannte Drei-D-Modell wurde von William Reddin [1981] entwickelt und ist ebenfalls den situativen Führungsansätzen zuzuordnen. Das Modell geht von den Dimensionen *Aufgabenorientierung* und *Beziehungsorientierung* und den daraus in der Ohio-Studie abgeleiteten vier Grundführungsstilen aus: Verfahrens-, Beziehungs-, Integrations- und Aufgabenstil. Reddin ist der Ansicht, dass alle vier Grundstile je nach Situation effizient und erfolgreich sein können. Führungserfolg ist vor allem dann zu erwarten, wenn Führungssituation und Führungsverhalten übereinstimmen. Es ist also die Aufgabe der Führungsperson, zunächst die konkrete Führungssituation zu analysieren und daraufhin den geeigneten Führungsstil zu wählen. Um diese Überlegung deutlich zu machen, führt Reddin eine dritte Dimension, die Effektivität, ein.

In Abbildung 3-13 sind die drei Dimensionen des Modells dargestellt.

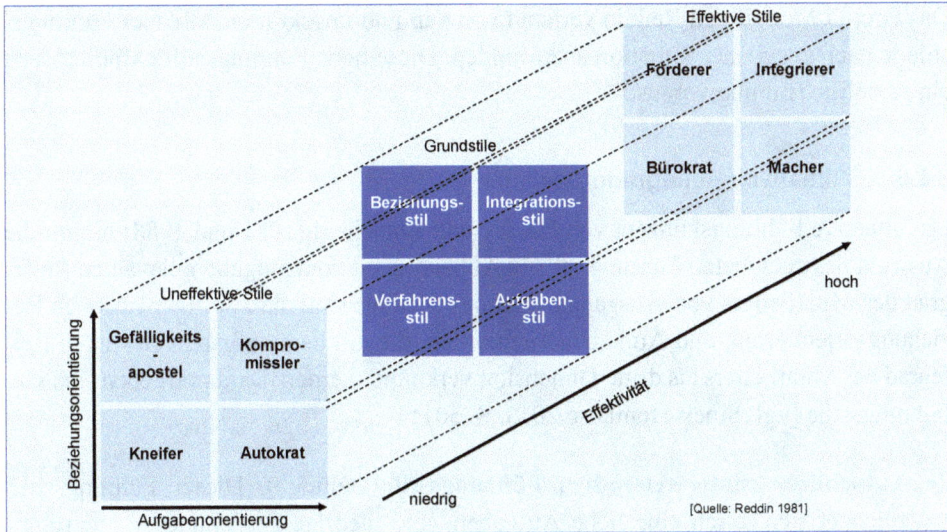

Abb. 3-13: Die drei Dimensionen des Führungsmodells nach Reddin

Dementsprechend bekommen die vier Grundstile jeweils zwei zusätzliche Ausprägungen – eine mit niedriger und eine mit hoher Effektivität [vgl. Scholz 2011, S. 401 f.]:

- Der **Verfahrensstil** ist durch Regeln, Vorschriften, Methoden und Verfahren gekennzeichnet und bevorzugt stabile Umweltbedingungen. Unter solchen Bedingungen praktiziert der *Bürokrat* (bzw. *Verwalter*) durchaus einen sinnvollen Führungsstil, weil er für einen reibungslosen Ablauf aller Prozesse entlang der fixierten Spielregeln sorgt. In dynamischen Umweltsituationen dagegen beharrt er auf Regeln und Vorschriften und behindert andere. Reddin bezeichnet daher eine Führungskraft, die in einer solchen Situation den Verfahrensstil anwendet, als *Kneifer*.

- Der **Beziehungsstil** betont die guten Beziehungen zwischen der Führungskraft und seinen Mitarbeitern. In der Ausprägung als *Förderer* motiviert die Führungsperson ihre Mitarbeiter und sorgt für eine vertrauensvolle Atmosphäre. In der Ausprägung als *Gefälligkeitsapostel* geht sie allen Konflikten aus dem Wege und vernachlässigt die Zielerreichung.

- Beim **Aufgabenstil** stehen Leistung und das erreichte Ergebnis im Vordergrund. In der Ausprägung als *Macher* führt die Führungskraft ihre Mitarbeiter durch Erfahrung, Wissen und Initiative. Als *Autokrat* beharrt sie dagegen auf ihre Amtsautorität und überfordert die Mitarbeiter mit allzu ehrgeizigen Zielvorstellungen.

- Der **Integrationsstil** strebt nach einem ausgewogenen Verhältnis der Beziehungs- und der Aufgabenkomponente. In der Ausprägung als *Integrierer* entscheidet und führt die Führungskraft kooperativ, motiviert und fördert ihre Mitarbeiter zielorientiert. Als *Kompromissler* dagegen möchte es die Führungsperson allen recht machen, so dass die Bearbeitungszeit steigt und die Mitarbeitermotivation sinkt.

Das Drei-D-Modell von Reddin verlangt von den Führungskräften, alle vier Führungsstile je nach gegebener Situation anzuwenden. Diese hohe Führungsstilflexibilität setzt
ein gezieltes Training voraus.

3.3.5   Situatives Reifegradmodell

Das situative Führungskonzept von Hersey und Blanchard [1981 und 1988] nimmt die
Auswahl des geeigneten Führungsstils in Abhängigkeit vom aufgabenrelevanten Reifegrad des Mitarbeiters vor. Ausgangspunkt des Modells sind die zwei Dimensionen Beziehungsorientierung und Aufgabenorientierung, die mit dem aufgabenrelevanten Reifegrad des Mitarbeiters als dritte Dimension verknüpft werden. Daraus ergeben sich vier
Führungsstile [vgl. Stock-Homburg 2013, S. 501]:

- **Autoritärer (unterweisender) Führungsstil** („telling"). Dieser Führungsstil
  zeichnet sich durch eine hohe Aufgaben- und niedrige Beziehungsorientierung
  aus. Der aufgabenrelevante Reifegrad des Mitarbeiters ist gering bis niedrig. Die
  Führungskraft gibt dem Mitarbeiter eindeutig vor, welche Tätigkeiten dieser entsprechend auszuführen hat.

- **Integrierender (verkaufender) Führungsstil** („selling"). Hohe Aufgaben- und
  hohe Beziehungsorientierung kennzeichnen diesen Führungsstil. Der aufgabenrelevante Reifegrad des Mitarbeiters ist ebenfalls gering bis niedrig. Die Führungsperson berücksichtigt bei der Entscheidungsfindung zwar die Meinung des Mitarbeiters, behält sich aber die letzte Entscheidung vor.

- **Partizipativer Führungsstil** („participating"). Dieser Stil verbindet hohe Beziehungsorientierung mit niedriger Aufgabenorientierung. Der aufgabenrelevante
  Reifegrad des Mitarbeiters in diesem Bereich ist mittel bis hoch. Der Mitarbeiter
  spielt bei der Entscheidungsfindung und -durchsetzung eine aktive Rolle.

- **Delegationsstil** („delegating"). Der delegierende Stil ist gekennzeichnet durch
  eine niedrige Aufgaben- und Beziehungsorientierung, wobei der aufgabenrelevante Reifegrad in diesem Segment als mittel bis hoch anzusetzen ist. Die Führungskraft überträgt dem Mitarbeiter die Entscheidungsbefugnis und die Verantwortung für die Durchführung.

Die Grundannahme dieses Modells ist, dass mit zunehmendem aufgabenrelevantem
Reifegrad des Mitarbeiters der aufgabenorientierte Führungsbedarf abnimmt. So muss
beispielsweise einem Mitarbeiter mit hoher Motivation, aber mit mäßigen bis geringen
aufgabenorientierten Kenntnissen die Aufgabe eher „verkauft", bei geringer Motivation
eher angewiesen werden. Für die Führung von hoch motivierten Nachwuchskräften
(High Potentials) eignen sich besonders der partizipative und der integrierende Führungsstil. Zur optimalen Führung muss der Vorgesetzte demnach in allen vier Führungsstilen kompetent sein [vgl. Jung 2006, S. 433 f.].

Hier setzt auch die Kritik an diesem Modell an. Zum einen werden die extrem hohen Anforderungen an die Stilflexibilität der Führungskraft als Überforderung angesehen, zum anderen wird bemängelt, dass andere situationsrelevante Faktoren vernachlässigt werden. Positiv wird herausgestellt, dass die Fähigkeiten und Kenntnisse der Mitarbeiter, die in anderen Modellen kaum oder gar nicht einbezogen werden, im Ansatz von Hersey/Blanchard zur Geltung kommen [vgl. Jung 2006, S. 434].

Abbildung 3-14 veranschaulicht die vier situativen Führungsstile mit ihren Dimensionen.

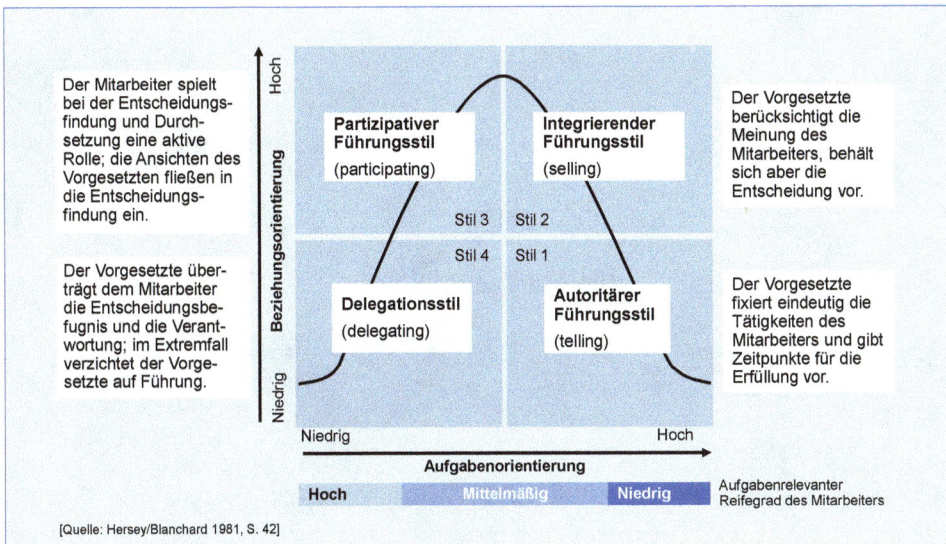

Abb. 3-14: Das situative Führungskonzept von Hersey/Blanchard

3.4 Kognitive Ansätze der Führungsforschung

Neben diesen drei klassischen Ansätzen der Mitarbeiterführung, die sich primär auf Eigenschaften und (situative) Verhaltensweisen des Führenden konzentrieren, erweitern bzw. verändern die **kognitiven Ansätze** den Blick auf die Führungskraft-Geführten-Beziehung [vgl. Oechsler/Paul 2019, S. 310]:

- Kognitive Ansätze drehen die Erklärungsrichtung um und betrachten den Führungsprozess vom Geführten zur Führungskraft.
- Bei den kognitiven Ansätzen steht nicht die Frage *„Welcher Führungsstil ist der beste?"* im Vordergrund, sondern die Frage *„Wie wirkt der Führungsstil beim Geführten?"*

3.4.1 Implizite Führungstheorie

Die *implizite Führungstheorie* geht auf Arbeiten von Robert Lord und Kollegen [vgl. Lord et al. 1984 und Lord/Maher 1991] zurück. Sie setzt an der Perspektive der Mitarbeiter an und befasst sich mit der Frage, inwieweit die Führungskraft ihr eigenes Verhalten an die Erwartungen der Mitarbeiter anpassen sollte. Im Mittelpunkt stehen also der Geführte und seine Vorstellung von idealer Führung. Je größer die Übereinstimmung zwischen der tatsächlich wahrgenommenen Führung und der idealisierten Wunschvorstellung ist, umso mehr wird der Geführte die Führungskraft akzeptieren (siehe Abbildung 3-15).

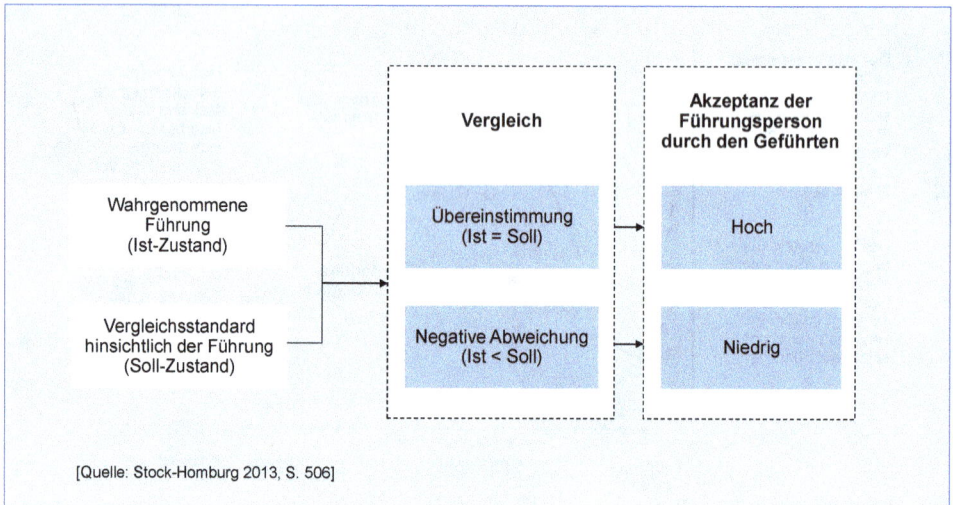

Abb. 3-15: Soll-Ist-Vergleich im Rahmen der impliziten Führungstheorie

Die wahrgenommene Führung als Ist-Zustand und die als Idealzustand gewünschte Führung als Soll-Zustand werden erfasst und miteinander verglichen. Das Ergebnis des Vergleichs ist entweder eine Übereinstimmung oder eine negative Abweichung. Dies führt im Ergebnis entweder zu einer hohen oder niedrigen Akzeptanz der Führungsperson durch den Geführten. Als Vergleichsmaßstab können Fachwissen, Persönlichkeit, individuelle Leistung oder organisatorische Leistungsergebnisse wie Zielerreichung oder Projekterfolge herangezogen werden.

Die implizite Führungstheorie wurde in zahlreichen empirischen Untersuchungen bestätigt. Gleichwohl entzündete sich die **Kritik** vor allem daran, dass der Führende keinen Einfluss auf den Führungserfolg nehmen kann und sich somit nicht exkulpieren kann. Gleichwohl eröffneten die Thesen der impliziten Führungstheorie die Möglichkeit, Führung über Länder- und Kulturgrenzen hinweg zu erfassen und zu verstehen [vgl. Oechsler/Paul 2019, S. 313].

3.4.2 Culturally Endorsed Implicit Leadership Theory

Die implizite Führungstheorie wurde im Rahmen der weltweiten **GLOBE-Studie** *(Global Leadership and Organizational Behavior Effectiveness)* erweitert, um die Besonderheiten interkultureller Führungssituationen zu berücksichtigen. Dieser erweiterte Theorieansatz wurde als *Culturally Endorsed Implicit Leadership Theory* bezeichnet [vgl. House 2000 und House et al. 2002].

Die Theorie befasst sich mit Situationen, in denen Führungskräfte und Mitarbeiter unterschiedliche kulturelle Hintergründe haben. Die grundlegende These lautet, dass verschiedene Kulturen auch unterschiedliche Vorstellungen darüber haben, wie die ideale Führung (d.h. der Soll-Zustand der Führung) aussieht. Die kulturspezifischen Vorstellungen basieren dabei insbesondere auf unterschiedlichen Werten, Normen, organisationalen Praktiken und strategischen Rahmenbedingungen im Unternehmen [vgl. Stock-Homburg 2013, S. 509].

Um die kulturbedingten Unterschiede hinsichtlich der Mitarbeitererwartungen an die ideale Führung empirisch nachweisen zu können, hat die GLOBE-Studie **sechs globale Führungsdimensionen** (siehe Abbildung 3-16) identifiziert, die die Abbildung von landeskulturellen Unterschieden und Gemeinsamkeiten erlauben: charismatisch, teamorientiert, partizipativ, humanorientiert, autonomieorientiert sowie defensiv [vgl. Festing et al. 2011, S. 106].

Die sechs Führungsdimensionen unterscheiden sich länderspezifisch und zeigen, dass – ebenso wie es keinen einheitlichen Führungsstil gibt – auch kein einheitliches internationales Führungsverständnis existiert. Im Fall der Führung von Mitarbeitern unterschiedlicher Nationalitäten liegt die Schwierigkeit eher im Umgang mit den individuell unterschiedlichen Sozialisationen, Rollenerwartungen, Werten, Einstellungen, Bedürfnissen und Verhaltensweisen. Anzustreben als Führungskraft ist daher das Leitbild der Individualisierung. Auf eine Schematisierung des Führungsverhaltens sowie auf einen standardisierten Einsatz von Führungsinstrumenten ist dagegen zu verzichten.

In einem nächsten Schritt werden nunmehr die sechs identifizierten Führungsdimensionen den zehn Länderclustern der GLOBE-Studie zugeordnet. Bei charismatischem Führungsverhalten hat das Cluster des angelsächsischen Raums die höchsten Werte, gefolgt von Lateinamerika, Südasien, dem germanischen und dem nordischen Europa. Bei teamorientierter Führung steht das lateinamerikanische Cluster an der Spitze. Der partizipative Führungsstil hat im germanischen Europa seine höchste Bedeutung.

Internationale Führungsdimensionen

Globale Dimension	Definition	Primäre Dimensionen
Charismatisch	Das Ausmaß, in dem Mitarbeiter auf Basis positiver Werte und mit hohen Leistungserwartungen inspiriert und motiviert werden	Leistungsorientiert Visionär Inspirierend Integer Selbstaufopfernd Bestimmt
Teamorientiert	Das Ausmaß, in dem gemeinsame Ziele implementiert und Arbeitseinheiten (Teams) entwickelt werden	Teamintegrierend Kollaborativ Administrativ kompetent Diplomatisch Böswillig (recodiert)
Partizipativ	Das Ausmaß, in dem andere bei Entscheidungen beteiligt werden	Autokratisch (recodiert) Non-partizipativ (recodiert)
Humanorientiert	Das Ausmaß, in dem zwischenmenschlich unterstützend, fair, höflich und umsichtig agiert wird	Humanorientiert Bescheiden
Autonomieorientiert	Das Ausmaß, in dem unabhängig von anderen und in individueller Art und Weise agiert wird	Autonomieorientiert
Defensiv	Das Ausmaß, in dem selbstschützend und statusbewahrend agiert wird	Selbstbezogen Statusorientiert Konfliktorientiert Gesicht wahrend Bürokratisch

Die Abbildung gibt einen Überblick über die sechs globalen Führungsdimensionen mit den primären Dimensionen, die diesen jeweils zugeordnet sind. Die Dimension autonomieorientiert ist dabei ein Sonderfall, da die primäre Führungsdimension hier der globalen entspricht. Die 21 primären Führungsdimensionen wie auch die sechs globalen Führungsdimensionen unterscheiden sich darin, wie hinderlich oder förderlich diese für herausragende Führung betrachtet werden. Gleichzeitig eignen sie sich dafür, zwischen den Ländern wie auch zwischen den beteiligten Kulturclustern der GLOBE-Studie zu differenzieren. [Quelle: Brodbeck 2016, S. 136 ff.]

Abb. 3-16: Internationale Führungsdimensionen

Humanorientiert ist man im Führungsverhalten vor allem in südasiatischen Ländern, autonome Führung ist hingegen am stärksten im osteuropäischen Cluster verbreitet, defensive Führung eher in Südasien.

In Abbildung 3-17 sind die auf Clusterebene aggregierten Ergebnisse dargestellt. Dabei wird jeweils angegeben, welche Bedeutung der jeweiligen Führungsdimension für das einzelne Ländercluster beigemessen wird (hohe, mittlere oder wenig Bedeutung).

	Hohe Bedeutung ++	Mittlere Bedeutung +/-	Wenig Bedeutung - -
Charismatic Leadership	Anglo Latin America Southern Asia Germanic Europe Nordic Europe	Sub Sahara Latin Europe Eastern Europe Confucian Asia	Middle East
Team-oriented Leadership	Latin America	Europe Southern Asia Anglo Sub-Sahara Confucian Asia	Middle East
Participative Leadership	Germanic Europe Nordic Europe Anglo	Latin America Latin Europe Sub Sahara	Eastern Europe Southern Asia Confucian Asia Middle East
Human-oriented Leadership	Southern Asia Sub Sahara Anglo	Confucian Asia Latin America Middle East Eastern Europe Germanic Europe	Eastern Europe Southern Asia Confucian Asia Middle East
Autonomous Leadership	Eastern Europe Germanic Europe	Nordic Europe Anglo Southern Asia Confucian Asia	Latin America Latin Europe Middle East Sub Sahara
Self-protective Leadership	Southern Asia Middle East Confucian Asia Eastern Europe	Latin America Sub Sahara Latin Europe	Anglo Germanic Europe Nordic Europe

[Quelle: House et al. 2004, S. 684]

Abb. 3-17: Zuordnung von Länderclustern zu Führungsdimensionen

Auf der Grundlage der Zuordnung von Führungsdimensionen und Ländercluster hat GLOBE fünf kulturuniversell **förderliche** und drei kulturuniversell **hinderliche** Merkmale und Verhaltensweisen der Führung ermittelt.

In Abbildung 3-18 sind die weltweiten akzeptablen den inakzeptablen Führungsattributen gegenübergestellt.

Weltweit akzeptable und effektive Führungsattribute	Weltweit inakzeptable und ineffektive Führungsattribute
Integrität, die sich in vertrauenswürdigem, gerechtem, ehrlichem und zuverlässigem Verhalten äußert	Reizbarkeit und Rücksichtslosigkeit
Visionäres Verhalten, das durch Voraussichtigkeit und planendes Handeln gekennzeichnet ist	Diktatorisches, egozentrisches, ungeselliges, einzelgängerisches Verhalten
Inspirierendes Verhalten, das ermutigt, motiviert, anspornt sowie eine positive, dynamische Haltung und Vertrauen schafft	Zweideutiges und unkooperatives Verhalten
Teambildendes Verhalten, das mit Informiertheit sowie koordinativer und administrativer Kompetenz einhergeht	[Quelle: Brodbeck 2016, S. 183]
Hoher Grad an diplomatischem Geschick, Bestimmtheit, Entscheidungsfreude und einer starken Orientierung an exzellenter Leistung	

Abb. 3-18: Weltweit förderliche und hinderliche Führungsattribute

Vor dem Hintergrund der weltweit empfehlenswerten bzw. zu vermeidenden Führungsattributen lassen sich drei alternative **Strategien zur interkulturellen Mitarbeiterführung** identifizieren [vgl. Stock-Homburg 2013, S. 660]:

- **Standardisierungsstrategie**. Hier erfolgt eine einheitliche Ausrichtung der Führung über alle Ländergrenzen hinaus. Diese Strategie folgt der *Universalitätsthese*, d. h., der vorgegebene Führungsrahmen ist in unterschiedlichen Kulturkreisen gleichermaßen erfolgreich.

- **Differenzierungsstrategie**. Diese strategische Ausrichtung folgt der *Kulturabhängigkeitsthese*, d. h., die individuelle Mitarbeiterführung wird der jeweiligen Kultur angepasst. Bei diesem Ansatz kann in den Tochtergesellschaften eine andere Mitarbeiterführung praktiziert werden als in der Muttergesellschaft.

- **Hybride Strategie**. Die hybride strategische Ausrichtung beschreibt den Mittelweg. Das bedeutet konkret, dass bestimmte Führungsaktivitäten interkulturell übertragen werden, andere sind dagegen weniger oder gar nicht übertragbar.

Die *implizite Führungstheorie* und die darauf aufbauende *Culturally Endorsed Implicit Leadership Theory* gehen von der empirisch belegten Grundannahme aus, dass der Führungserfolg umso größer ist, je stärker die Führung den Erwartungen der Mitarbeiter entspricht. Daraus ergeben sich konkret zwei Ansatzpunkte für eine erfolgreiche Führung: das Management der Mitarbeitererwartungen und die entsprechende Anpassung der Führung an die Erwartungen. Beides setzt eine gründliche Analyse der Mitarbeiter-erwartungen voraus. Abbildung 3-19 liefert einen Überblick über Maßnahmen und In-strumente zur Umsetzung dieser Analyse [vgl. Stock-Homburg 2013, S. 510 f.].

	Beispielhafte Führungsaktivitäten	Beispielhafte Führungsinstrumente
Analyse der Erwartungen	• Befragung der der Mitarbeiter bezüglich ihrer Erwartungen • Beobachtung von Verhaltensweisen anderer (erfolgreicher) Führungskräfte aus dem gleichen kulturellen Kontext • Austausch mit erfahrenen Kollegen im Hinblick auf erwartetes Führungsverhalten	• Mitarbeiterbesprechungen • Beobachtung durch die Führungsperson • Mitarbeiterbefragungen • Besuch von interkulturellen Austauschforen (Workshops)
Management der Erwartungen	• Darlegen der Ziele der Führungsperson gegenüber den Mitarbeitern • Offenes Darlegen eigener Restriktionen (zeitliche, finanzielle Kapazitäten usw.)	• Führen durch Ziele • Offenes Umgehen mit arbeitsbezogenen Informationen
Anpassung der Führungsaktivitäten	• Erlangen von Kenntnissen der jeweiligen Länderkultur • Orientieren des Führungsverhaltens an länderspezifische Besonderheiten	• Besuchen von interkulturellen Workshops • Durcharbeiten von Fallstudien zur interkulturellen Führung • Austauschen mit Angehörigen einer Kultur über kulturspezifische „dos" und „don'ts" im Umgang mit Mitarbeitern

[Quelle: Stock-Homburg 2013, S. 511]

Abb. 3-19:   Maßnahmen zur Umsetzung der impliziten Führungstheorie

3.4.3   Leader Member Exchange Theory

In der **Leader-Member Exchange Theory** (kurz: LMX-Theorie), die wesentlich auf Graen/Uhl-Bien [1995, S. 221] zurückgeht, steht die Austauschbeziehung zwischen Führungskraft und Mitarbeiter im Mittelpunkt. Grundannahme der Theorie ist die These, dass beide Akteure – also Führungskraft und Mitarbeiter – ihre persönlichen Ziele innerhalb der Organisation umsetzen wollen und dabei auf eine wechselseitige Unterstützung angewiesen sind. Der Führungserfolg wird somit durch die simultane Be-trachtung der drei Dimensionen

• Führungsperson,

• Mitarbeiter und

• deren Beziehung

erklärt [vgl. Graen/Uhl-Bien 1995, S. 223].

Da Führungskräfte nur über begrenzte Ressourcen verfügen (Zeit, Aufmerksamkeit, Beförderungsmöglichkeiten), verteilen sie diese selektiv an ihre Mitarbeiter. Da die Führer-Geführten-Beziehung bewusst unterschiedlich gelebt wird, sind auch die Austauschbeziehungen qualitativ unterschiedlich. Erhält einer der Beteiligten eine Leistung von einem Austauschpartner, so fühlt sich der andere Beteiligte zu einer entsprechenden Gegenleistung verpflichtet. Dieses Prinzip zur Verpflichtung einer entsprechenden Gegenleistung wird als **Reziprozität** bezeichnet [vgl. Oechsler/Paul 2019, S. 314; Stock-Homburg 2013, S. 512].

Im Rahmen der LMX-Theorie kommt der Qualität der Beziehung zwischen einer Führungsperson und deren Mitarbeitern eine zentrale Bedeutung für den Führungserfolg zu. Hinsichtlich der der Qualität der Führer-Geführten-Beziehung wird zwischen drei Mitarbeitertypen unterschieden: In-Group-, Out-Group- und Middle-Group-Mitarbeiter [vgl. Stock-Homburg 2013, S. 512 f.].

- **In-Group-Mitarbeiter** haben eine qualitativ hochwertige Beziehung zur Führungskraft. Sie erhalten einen Großteil der Ressourcen der Führungskraft. Ihnen werden anspruchsvolle und wichtige Aufgaben übertragen.

- **Out-Group-Mitarbeiter** haben keine qualitativ hochwertige Beziehung zur Führungskraft. Die Beziehung beschränkt sich auf Interaktionen, die formal erforderlich sind. Out-Group-Mitarbeiter erhalten weniger anspruchsvolle Aufgaben.

- Bei **Middle-Group-Mitarbeitern** bewegt sich die Beziehung zur Führungskraft im mittleren Bereich. Mitarbeiter dieser Gruppe können langfristig entweder In-Group- oder Out-Group-Mitarbeiter werden.

Die Entwicklung dieser Mitarbeitertypen macht deutlich, dass die Qualität der Führer-Geführten-Beziehung eine dynamische Größe ist. Davon ausgehend entwickelten Graen/Uhl-Bien [1995, S. 231] ein Modell, das die Entwicklung von *guten* Beziehungen in drei Phasen unterteilt (siehe Abbildung 3-20).

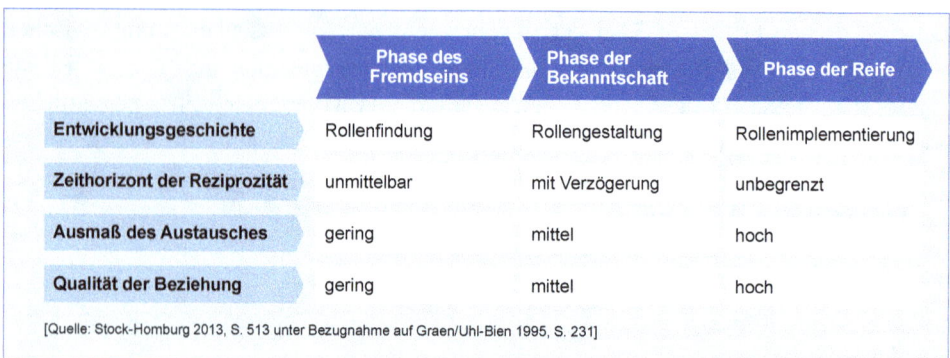

	Phase des Fremdseins	Phase der Bekanntschaft	Phase der Reife
Entwicklungsgeschichte	Rollenfindung	Rollengestaltung	Rollenimplementierung
Zeithorizont der Reziprozität	unmittelbar	mit Verzögerung	unbegrenzt
Ausmaß des Austausches	gering	mittel	hoch
Qualität der Beziehung	gering	mittel	hoch

[Quelle: Stock-Homburg 2013, S. 513 unter Bezugnahme auf Graen/Uhl-Bien 1995, S. 231]

Abb. 3-20: Phasenmodell der Entwicklung der Führer-Geführten-Beziehung

Der innovative Beitrag der LMX-Theorie besteht in der deskriptiven Darstellung der Bedeutung „guter" Führungskraft-Mitarbeiter-Beziehungen und deren Entstehung. Gleichzeitig wird das in der Realität zu beobachtende Führungsphänomen erklärt, dass Führungskräfte ihre Ressourcen ungleich zwischen den Mitarbeitern aufteilen. Kritisiert wird jedoch, dass daraus kaum Handlungsempfehlungen für eine erfolgreiche Mitarbeiterführung ergeben. Unklar bleibt auch, wie Führungskräfte aktiv die Beziehungen zu ihren Mitarbeitern verbessern können. Kritisch wird weiterhin angemerkt, dass die der Theorie zugrundliegenden Thesen empirisch nur sehr rudimentär belegt werden, da die empirischen Studien unterschiedliche Messinstrumente verwenden [vgl. Stock-Homburg 2013, S. 514].

3.4.4   Symbolische Führung

Oswald Neuberger und Jürgen Weibler sind die beiden Autoren, die das Konzept der symbolischen Führung im deutschsprachigen Raum prägten. Während Neuberger [1994, 2002] eine kritisch emanzipatorische Auffassung der symbolischen Führung vertritt, fasst Weibler [1995, 2012] die symbolische Führung als ein Führungsinstrumentarium auf, das insbesondere auf Symbole als Wirkmittel abstellt [vgl. Lang/Rybnikova 2014, S. 234].

Aus Sicht von Neuberger besteht symbolische Führung aus zwei grundlegenden Prozessen, die sich gegenseitig beeinflussen: Der symbolisierten Führung und der symbolisierenden Führung.

Bei der symbolisierten Führung wird die Führung nicht aktiv durch die Führungsperson ausgeübt, sondern durch Symbole, Fakten und ihre Deutungen, wie sie sich in Gehaltssystemen und organisatorischen Abläufen äußern, vermittelt. Das können Institutionen, Artefakte oder Sprachregelungen sein, deren Bedeutung für alle Beteiligten erkennbar ist. Diese Symbole wirken auch ohne ein aktives Zutun der Führungskräfte, da sie das Verhalten der Mitarbeiter losgelöst von der Führungskraft regulieren und auf diese Weise die Führungskräfte dennoch allgegenwärtig machen [vgl. Neuberger 2002, S. 662 ff.].

Die Elemente der symbolisierten Führung unterteilt Neuberger gemäß der Symboltypen in drei Kategorien [vgl. Neuberger 2002, S. 663 f.]:

- Verbale Symbole, wie z.B. Anekdoten, Geschichten und Legenden über die Firmengründer, Metaphern, Lieder und Hymnen, Slogans, Grundsätze,

- Interaktionelle Symbole, wie z.B. Vorstandsbesuche, Firmenfeiern, Einführung neuer Mitarbeiter,

- Artifizielle Symbole, wie z.B. Raumarchitektur, Statussymbole, Zeiterfassung, Kleidung.

Die symbolisierende Führung dagegen stellt einen aktiven Prozess dar. Hier liefern die Führungskräfte den Mitarbeitern ihre Interpretationen in Bezug auf mehrdeutige Fakten oder Symbole. Bei der symbolisierenden Führung geht es um die Sinngebung und Sinnkonstruktion durch die Führungskräfte. Nicht umsonst setzt Neuberger symbolisierende Führung mit Führung gleich: *„Führung ist Sinn-Vermittlung. Sinn entsteht, wenn die schlüssige Einordnung in ein übergreifendes Bezugssystem gelingt. Auch zunächst unverständliche Handlungen machen Sinn, wenn man das Bezugssystem erkennt, in das sie passen.“* [Neuberger 1990, S. 97]

Bei der symbolisierenden Führung verlassen sich Führungskräfte nicht auf die Wirkung der Symbole, sondern interpretieren die bestehenden Fakten und bekannten Tatsachen, indem sie diese mit neuen, zusätzlichen Bedeutungen versehen. Damit zielen Führungskräfte darauf ab, die Motivationsbarrieren zu beseitigen und ihre Mitarbeiter zu inspirieren. Es geht darum, die gewollte Lesart zu bestimmen und durchzusetzen. *„Vor allem kollektives Handeln wird durch Symbolisierung ermöglicht, weil Organisationen dann handlungsfähig werden, wenn eine stabile Basis für übereinstimmend gedeutete Sinnzusammenhänge und Tatsachen geschaffen wird und stetige Diskussionen und Infragestellungen beendet werden.“* [Lang/Rybnikova 2014, S. 242]

Das Konzept der symbolischen Führung stellt streng genommen keinen eigenständigen Führungsansatz dar. Allerdings kann das Konzept herangezogen werden, um bestehende Führungsstile inhaltlich zu ergänzen. So lässt sich (situatives) Führungsverhalten in seiner Wirkung durch bestimmte Symbole verstärken. Allerdings sollten Führungskräfte darauf achten, dass die von ihnen gewählten Symbole eindeutig sind [vgl. Stock-Homburg 2013, S. 520].

Die kognitiven Ansätze der Mitarbeiterführung haben sehr unterschiedliche Perspektiven auf die Führung von Mitarbeitern. In Abbildung 3-21 sind die wesentlichen Unterschiede und Gemeinsamkeiten dieser Konzepte gegenübergestellt.

	Implizite Führungstheorie	Culturally Endorsed Implicit Leadership Theory	Leader-Member-Exchange Theory	Symbolische Führung
Inhaltlicher Fokus	Identifikation von Einflussfaktoren auf die Akzeptanz einer Führungsperson durch die Mitarbeiter	Analyse der Besonderheiten interkultureller Führungssituationen	Analyse des Einflusses der Führungsperson-Mitarbeiter-Beziehung auf den Führungserfolg	Einsatz und Auswirkung von Symbolen in der Führung
Wirkungs-mechanismus	Vergleich der idealen und der wahrgenommenen Führung durch die Geführten	Kulturuniversell förderliche und hinderliche Merkmale der Führung	Reziprozität	Symbole vermitteln Werte und Erwartungen der Führungsperson an die Mitarbeiter
Wirkungs-beziehung	• Abweichung zwischen Soll und Ist der Führung → geringe Akzeptanz der Führungsperson • Kongruenz zwischen Soll und Ist der Führung → hohe Akzeptanz der Führung	Erlangen von Kenntnissen der jeweiligen Länderkultur und Zuordnung von Länderclustern zu Führungsdimen-sionen	Qualität der Austauschbeziehung zwischen Führungs-person und Mitarbeiter → Qualität der Zusammenarbeit → Führungserfolg	Setzen von Symbolen durch Führungsperson → Wahrnehmung und Interpretation der Symbole durch die Mitarbeiter → Anpassung des Mitarbeiterver-haltens an die symbolisierten Werte und Erwartungen
Erklärungs-beitrag zur Mitarbeiter-führung	Identifikation von Ansätzen zur Erhöhung der Akzeptanz von Führungskräften durch die geführten Mitarbeiter	Orientierung des Führungsverhaltens an länderspezifische Besonderheiten	Identifikation von Ansätzen zur Verbesserung der Qualität der Führungsperson-Mitarbeiter-Beziehung	Identifikation von Ansätzen zur Erhöhung des Führungserfolgs durch Einsatz von Symbolen

[Quelle: Sock-Homburg 2013, S. 524 (modifiziert)]

Abb. 3-21: Vergleichende Gegenüberstellung der kognitiven Führungsansätze

4. Neue Führungsansätze und -konzepte

Die Welt der klassischen Führungstheorien mit ihren klaren, eindimensionalen Konzepten, bei denen **Führungseigenschaften**, **Führungsverhalten** und **Führungssituationen** im Vordergrund stehen, wird heute von einer Führungswelt abgelöst, die sich sehr gut mit dem schon fast geläufigen Akronym VUCA beschreiben lässt.

VUCA steht für volatil, unsicher, komplex (engl. *complex*) und mehrdeutig (engl. *ambiguous*). Die eigentliche Herausforderung einer VUCA-Welt besteht nämlich darin, sie anzunehmen und mit ihr mitzugehen [vgl. Ciesielski/Schutz 2016, S. 4].

Nicht nur die Vielzahl von jährlich erscheinenden Führungsratgebern, sondern auch die Sichtung aktueller Trainingskonzepte macht deutlich, dass das Thema Personalführung und neue Führungskonzepte eine Blütezeit erlebt. Doch wie lässt sich die Flut neuer Führungstheorien und -konzepte erklären? Welches sind Ursachen und gesellschaftliche Kontexte ihrer Entstehung? Welche inhaltlichen Gemeinsamkeiten und welche Unterschiede lassen sich bei den neuen, teilweise sehr modisch klingenden Führungsansätzen ausmachen? Und vor allem: Welchen Nutzen bringen die neuen Konzepte? [vgl. im Folgenden auch Lang/Rybnikova 2014, S. 16 ff.]

Wer kennt sich im Dickicht der Führungskonzepte aus?

Abbildung 4-01 vermittelt einen Eindruck von der Vielzahl der derzeit diskutierten Führungsansätze.

Die Übersicht zeigt die wichtigen Führungsmodelle und -konzepte sowie die wissenschaftlich bedeutenden Namen und Theorien auf einem Blatt in Form einer "Streetmap" [vgl. Wöhrmann 2017].

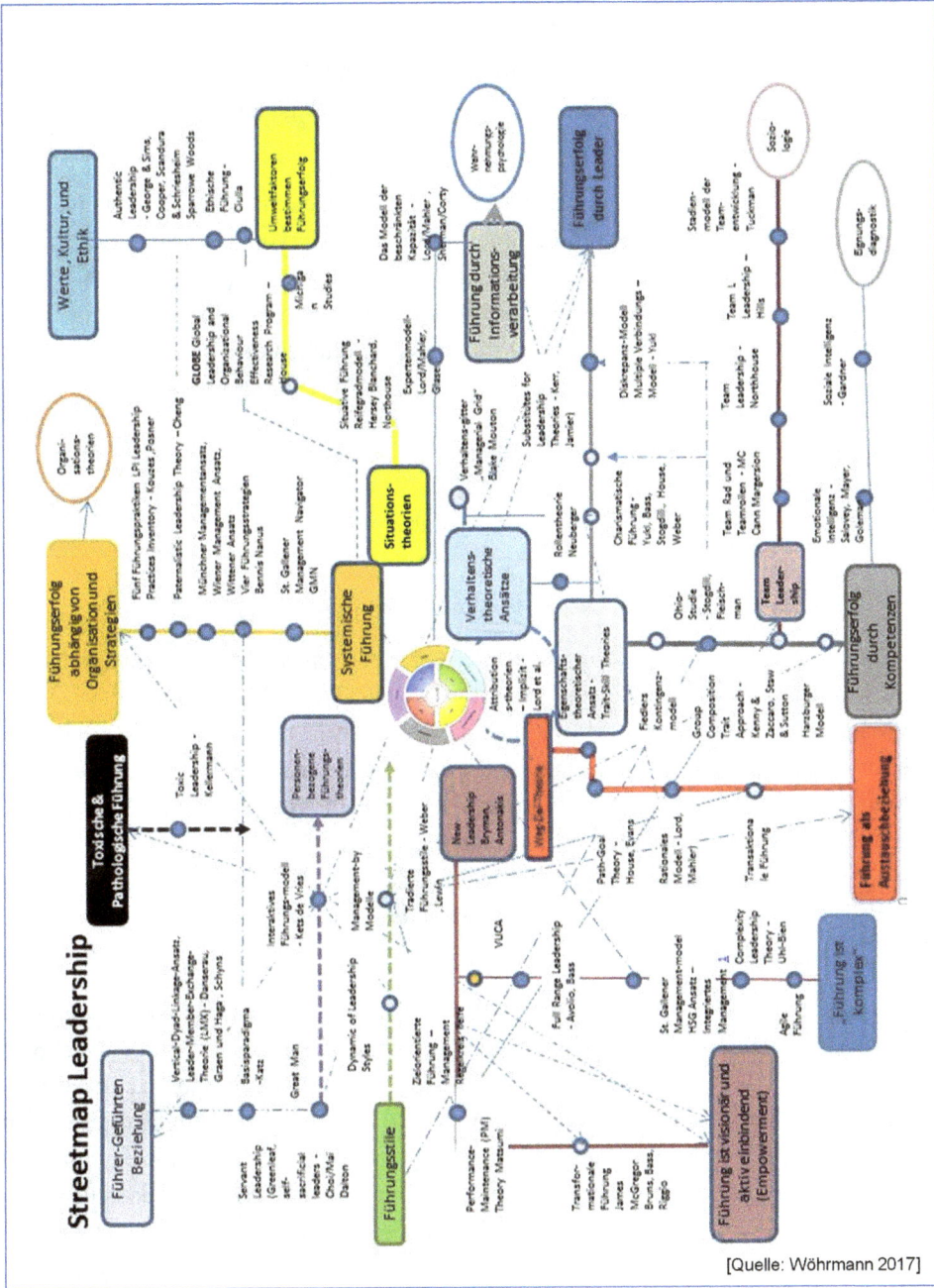

Abb. 4-01: Leadership-Ansätze und ihre Beziehungen zueinander

4.1 Einflussfaktoren neuer Führung

Um die Wurzeln der Vielzahl neuer Führungsansätze und -konzepte erklären zu können, müssen zunächst die verschiedenen Faktoren, die heutzutage auf Führung wirken und diese beeinflussen, aufgezeigt werden.

Führungskräfte müssen über verschiedene Standorte hinweg mit einer zunehmend heterogenen Gruppe von Mitarbeitern kommunizieren und klarkommen. Und gleichzeitig muss Führung die Generationen- und Kulturunterschiede im Umgang mit den Technologien berücksichtigen. Damit sind die wichtigsten Cluster an Einflussfaktoren genannt, die auf heutige Führung einwirken und die im Wesentlichen die inhaltliche Thematik neuer Führungsansätze bestimmen:

- Digitalisierung und technologischer Wandel
- Medien-Mix und Kommunikation über Distanzen
- Generationenwechsel und hybride Arbeitskulturen.

4.1.1   Digitalisierung und technologischer Wandel

Wenn die digitale Transformation immer wichtiger und das Veränderungstempo immer schneller wird, formieren sich neue Herausforderungen an das Führen von Mitarbeitern. Wo Manager in früheren Zeiten vor allem aus der Zentrale agieren konnten, vergrößert sich ihr Wirkungsbereich sehr schnell und verteilt sich meist auf mehrere Märkte und teilweise auch Kontinente. Flexibilität wird so zu einem Anspruch an einen Manager. Schon aus ersten Forschungen zu Führungsstilen aus den 1960er Jahren geht hervor, dass es sich bei Führungsstilen stets um dynamische Konstrukte handelt. Führung muss sich also den Gegebenheiten anpassen, muss sich verändern und darf nicht dauerhaft statisch angelegt sein.

Seitdem hat sich vieles verändert. Ging man vor wenigen Jahrzehnten noch davon aus, dass Mitarbeiter eine starke Hand brauchen, ihnen ein klares Ziel und vor allem der Weg dahin vorgegeben werden muss, so berücksichtigen neue Führungsansätze, dass auch gewisse Freiheiten und selbstständiges Handeln durchaus effizienter zum vorgegebenen Ziel führen können. Während klassische Führungstheorien und -konzepte eng mit dem Verhalten und Eigenschaften des Vorgesetzten verknüpft sind, ermöglichen neuere Ansätze eine breitere Perspektive auf Führung, indem sie den Interaktionsprozess zwischen Führungskräften und Mitarbeitern, die Bedeutung der Mitarbeiter oder den organisationalen Kontext stärker in den Blick nehmen [vgl. Lang/Rybnikova 2014, S. 20].

Heutzutage liegt der Fokus der Führung nicht allein auf dem Führenden, sondern auch auf den Geführten, den Peers, den Arbeitsbedingungen und auch der Arbeitskultur. Neue Führungsansätze betrachten ein viel breiteres Feld und eine größere Vielfalt von Personen national wie international. Gleichzeitig findet sich Führung heute in den verschiedensten Modellen wieder: strategisch, global, komplex, verteilt, relational, sozial-dynamisch [vgl. Lang/Rybnikova 2014, S. 20].

Die Welt der klassischen Führungstheorien mit ihren klaren und teilweise eindimensionalen Konzepten, bei denen **Führungseigenschaften**, **Führungsverhalten** und **Führungssituationen** im Vordergrund stehen, wird von einer Führungswelt abgelöst, die sich sehr gut mit dem schon fast geläufigen Akronym VUCA beschreiben lässt. VUCA steht für volatil, unsicher, komplex (engl. *complex*) und mehrdeutig (engl. *ambiguous*). Die eigentliche Herausforderung einer VUCA-Welt besteht nämlich darin, sie anzunehmen und mit ihr mitzugehen. Im Klartext heißt das: Als Organisation mit Schwankungen mitgehen können und die Unsicherheiten akzeptieren [vgl. Ciesielski/Schutz 2016, S. 4].

Als Grund für das Entstehen dieser neuen Führungstheorie werden häufig der Wandel der Gesellschaft und der Einzug der „Generation Y" in den Arbeitsmarkt genannt, die nun nach und nach die Mitglieder anderer Generationen (Generation X) ablösen. Wo Mitglieder der Generation X mit Hierarchien und kontrollierten Abläufen aufgewachsen waren, stehen bei den heutigen Digital Natives der Generation Y viel stärker emotionale Werte im Fokus ihres Denkens und ihrer Haltung [vgl. Permantier 2019].

4.1.2   Medien-Mix und Kommunikation über Distanzen

Die neuen Organisationen zeichnen sich vor allem durch den konzentrierten Einsatz moderner Informations- und Kommunikationsmittel bzw. von sozialen Medien (engl. *Social media*) aus. Gleichzeitig findet die Arbeit in geografisch und zeitlich verteilten Strukturen statt. Aufgrund des Mangels an direkten Kontakten erfolgt die wechselseitige Einflussnahme zwischen Führungskräften und Geführten hauptsächlich mit Hilfe dieser neuen Informations- und Kommunikationsmittel (IuK) bzw. sozialer Medien.

Solche Rahmenbedingungen bringen zwangsläufig neue Anforderungen an die Führung mit sich. Traditionelle Führungsmodelle, die auf direkten Interaktionen basieren, sind grundsätzlich nicht geeignet, solche Anforderungen abzudecken. Demnach steht bei den („neuen") Führungskonzepten eine Führung im Mittelpunkt, die mittels moderner IuK bzw. sozialer Medien funktionieren muss [vgl. Wald 2014, S. 356].

Zu den klassischen IuK zählen E-Mail-Dienste, Intranet-Lösungen, Foren und Chats im betrieblichen und überbetrieblichen Rahmen. Während mit diesen klassischen IuK vor allem die von den Unternehmen gesteuerte Informationsbereitstellung und der geregelte Informationsaustausch im Vordergrund stand, vollzog sich hier in den letzten Jahren eine Entwicklung von den klassischen IuK hin zum **„Mitmach-Netz"**, dem Web 2.0 bzw. den sozialen Medien. Informationen werden sowohl durch die Organisationen bereitgestellt als auch durch die Nutzer selbst eingebracht. Statt Software stehen Dienste im Fokus, deren Angebote auf verschiedenen Endgeräten nutzbar sind. Die unmittelbare

Interaktion der Nutzer steht im Vordergrund. Daten können neu kombiniert bzw. transformiert werden. Der Schwerpunkt bei Nutzung und Bereitstellung von Informationen liegt beim Anwender. Wurden das Internet bzw. betriebliche Lösungen („Intranet") bislang zur kontrollierten Weitergabe von Informationen genutzt, ist es nun möglich und gewünscht, dass Nutzer, d.h. auch Führungskräfte und Mitarbeiter selbst, Inhalte bereitstellen und diese mit anderen austauschen [vgl. O'Reilly 2005].

Die Verschmelzung von Telekommunikationsterminal und Computer zum Smartphone, dem am weitesten verbreiteten Mobilgerät mit völlig neuen Nutzungsmöglichkeiten, hat wesentlich zur Beschleunigung dieser Entwicklung beigetragen. Aufgrund seiner Multifunktionalität hat dabei das Smartphone in zweifacher Hinsicht eine besondere Rolle als Markttreiber übernommen. Auf der einen Seite vertreibt das Smartphone im Sinn der Substitution Produkte wie digitale Kompaktkameras, mobile Navigationsgeräte und MP3-Player vom Markt. Zum anderen treibt es den Markt an, da durch die Vernetzung zu anderen Geräten neue Anwendungs- und damit Wachstumsfelder entstehen. Neben den für die Mobiltelefonie notwendigen Komponenten wie Mikrofon, Lautsprecher und dem Touchscreen als Bedienelement ist diesen Geräten auch die Schnittstelle zum Mobilfunknetzwerk typisch. Für Verbraucher ist diese Schnittstelle vor allem deshalb wichtig, weil das Smartphone immer mehr verfügbare Daten bündelt und alle Informationen auf einem Bildschirm zusammenfassen kann. Das Smartphone steht also nicht für sich allein, sondern entfaltet seine volle Wirkung erst mit dem vernetzten Gerät, mit dem es kommuniziert [vgl. Lippold 2017, S. 10 f.].

Soziale Medien haben in den vergangenen Jahren die Internetnutzung nicht nur geprägt, sondern auch verändert. Sie sind für Millionen von Nutzern aus der alltäglichen Kommunikation nicht mehr wegzudenken und beeinflussen Unternehmen und Organisationen in zunehmendem Maße. Für Unternehmen sind soziale Medien daher in vielen Bereichen zu einem wichtigen Wertschöpfungsfaktor geworden. Facebook, YouTube, Twitter, LinkedIn & Co. bieten Internetnutzern nicht nur einen Unterhaltungswert oder die Möglichkeit, persönliche Kontakte zu knüpfen und zu pflegen, sie ermöglichen auch einen schnellen Zugang zu und den Austausch von Informationen. Und auch für die Fundierung wichtiger Entscheidungen spielen soziale Medien eine immer größere Rolle, so dass sie vermehrt in den Fokus des Managements rücken.

Viele Unternehmen haben soziale Medien zunächst für die externe Kommunikation eingesetzt. Inzwischen nutzen Unternehmen aber auch verstärkt eine Social Software für interne Zwecke, um Austausch und Zusammenarbeit unter den Mitarbeitern zu verbessern. Insbesondere vervollständigen Social Media die E-Mail-Kommunikation, da viele Anfragen auf diesen Kanälen schneller und transparenter beantwortet werden können als über die klassische Mail. Zudem ergänzen Social Media in vielen Unternehmen inzwischen die bislang üblichen Intranets. Ein wichtiger Unterschied zum klassischen Intranet ist dabei die Art und Weise, wie Inhalte entstehen und geteilt werden. Jeder

Mitarbeiter kann gleichzeitig Sender und Empfänger sein. Aus dem internen Redakteur wird ein Community-Manager.

Eine moderne Unternehmensführung weiß, wo der Mehrwert von Social-Media-Maßnahmen liegt, wie sie diese systematisch planen und dadurch erfolgreich Kunden binden sowie neue Kunden erreichen können.

4.1.3   Generationenwechsel und hybride Arbeitskulturen

Welchen Beitrag leistet die Unternehmenskultur bei der Begegnung mit den Werten der neuen Technologien? Besteht ein Zusammenhang zwischen Unternehmenskultur und digitaler Führung? Bevor diese Fragen erörtert werden, soll aufgezeigt werden, was Unternehmenskultur ist und was sie bewirken kann.

Jedes Unternehmen verfügt über eine **Unternehmenskultur**. Diese wird nicht einfach erfunden oder verordnet, sondern (vor)gelebt. Sie entsteht mit der Unternehmensgründung und ist je nach Entwicklungsgeschichte des Unternehmens mehr oder weniger ausdifferenziert. Häufig liegen die Ursprünge einer Unternehmenskultur beim Unternehmensgründer (z. B. Thomas Watson bei IBM, Steve Jobs bei Apple, August Oetker, Max Grundig), die mit ihren Visionen und Ideen, mit ihren Wertvorstellungen, Eigenarten und Neigungen als Vorbilder für nachfolgende Managergenerationen dienen. Kulturprägend wirken aber auch Krisen und einschneidende Veränderungen sowie die Art und Weise, wie diese gemeistert werden, neue Geschäftsmodelle, die Branche und das (regionale) Umfeld eines Unternehmens, die Art der Kunden, der Investoren etc. [vgl. Buss 2009, S. 176 ff.].

Oftmals waren es auch gerade die oben genannten Unternehmensführer, die für eine **neue Technologie** standen und diese mit ins Unternehmen brachten oder gar die neuen Entwicklungen zum **Zentrum ihres Geschäftsmodells** machten.

Heute finden wir solche Techniker und Tüftler, die neue Technologien zu ihrem Geschäft machen, bei den **Start-ups** – also bei Inhaber-geführten Unternehmen. Die allermeisten größeren Unternehmen werden jedoch von eingesetzten und gut bezahlten Managern der Generation X (Geburtsjahrgänge 1965 bis 1980) geführt, die eben nicht der digital geprägten Generation Y (Geburtsjahrgänge 1980 bis 1995) angehören. Und jetzt drängt die nächste Generation, die Generation Z (Geburtsjahrgänge ab 1995), in die Unternehmen. Oft werden beide Generationen, Y und Z, zusammen gerne als **„Digital Natives"** angesprochen und beiden der gleiche „Information Age Mindset" zugeschrieben. Im Gegensatz zu der schon digital geprägten Generation Y wächst die nachfolgende Generation Z allerdings schon seit ihrer Geburt als „Digital Natives" auf. Dieser Lern- und Lebensmodus ist an die **VUCA-Welt** bereits angepasst [vgl. Radomsky 2019].

Für traditionelle Führungskräfte und Unternehmen sind die „Digital Natives" somit eine immer größere Herausforderung. Die Bindung bei ihnen besteht nicht mehr zum

Unternehmen, sondern zu interessanten Projekten und zu mitreißenden Führungspersönlichkeiten. Digitale Transformation beschränkt sich nicht auf Technologien, sie umfasst
auch kulturelle Gestaltungs- und hybride Arbeitsräume, Kulturen und Werte. Klassische
Anreizsysteme, wie etwa Firmenwagen und Statussymbole verlieren an Wert [vgl. Cie-
sielski/Schutz 2016, S. 3].

„Was es bedarf, ist eine kompetenzbasierte, generations- und kultursensible Führung
fernab der bloßen Statussymbolik, die alle fünf Generationen begeistert und verbindet,
damit alle an der gemeinsamen Arbeitsumgebung arbeiten und fortlaufend hybride (ana-
loge wie digitale) Kompetenzen entwickeln" [Ciesielski/Schutz 2016, S. 3].

Die digitale Transformation ist also ein Kultur- *und* ein Leadership-Thema. Es geht nicht
mehr darum, digital zu werden – wir sind es bereits. In der Arbeitskultur kommen aber
nicht nur die Generationen Y und Z, sondern auch die Baby Boomer und die Generation
X zusammen. Die Frage ist also vielmehr, wie es gelingen kann, eine generationenüber-
greifende, besser generationenverbindende Kommunikations- bzw. Unternehmenskultur zu leben. Denn im Bereich der Arbeitskultur kommt es regelmäßig zu den größten
Abstoßungs- oder Assimilationserscheinungen gegenüber einer neuen Technologie [vgl.
auch Amerland 2020].

Die unterschiedlichen mentalen Modelle und Wertvorstellungen der jeweiligen Generationen zu ignorieren und mit Kündigungen zu reagieren, kann angesichts der demogra-
fischen Entwicklung nicht funktionieren und ist keine Lösung. Nur eine generationengerechte Unternehmensführung wird zum wettbewerbsbestimmenden Erfolgsfaktor für
die Zukunft [vgl. Möller et al. 2015, S. 127].

So zeigt Abbildung 4-02 die unterschiedlichen positiven und negativen wertebezogenen
Ausprägungen verschiedener Generationen hinsichtlich ihres Verhaltens am Arbeits-
platz. Die hier dargestellte Generationeneinteilung stammt zwar aus den USA, sie lässt
sich aber durchaus teilweise auf den europäischen Kulturkreis übertragen [vgl. Bartscher
et al. 2012, S. 31 f.].

	Traditionalisten Geburtsjahrgänge bis 1945	Baby Boomer Geburtsjahrgänge von 1945 bis 1965	Generation X Geburtsjahrgänge von 1965 bis 1980	Generation Y / Millennials Geburtsjahrgänge von 1980 bis 1995	Generation Z Geburtsjahrgänge ab 1995
Verhalten am Arbeitsplatz	+ verlässlich + gründlich + loyal + fleißig + beständig + hierarchietreu - konfliktscheu - systemkonform - wenig veränderungs- bereit	+ kundenorientiert + leistungsbereit + ehrgeizig + motiviert + beziehungsfähig + kooperativ - egozentrisch - eher prozess- als ergebnisorientiert - kritikempfindlich - vorurteilsbeladen	+ flexibel + technik-affin + unabhängig + selbstbewusst + kreativ - ungeduldig - wenig sozial - zynisch - wenig durch- setzungsfähig	+ teamorientiert + optimistisch + hartnäckig + kühn + multitaskingfähig + technologisch fit - unerfahren - anleitungs- bedürftig - strukturbedürftig - antriebsschwach - illoyal	+ Hohe Akzeptanz/ Toleranz von Diversitäten + selbstüberzeugt + technologisch fit + selbstorganisa- tionsfähig - Verantwortung wird abgegeben (z.B. an die Helicopter-Eltern) - geringere Sorgfalt - rudimentäres Google-Gedächtnis
Einstellung zur Arbeit	Pflicht und Wert	Herausforderung und Selbstfindung	Job und Spaß	Sinn und Team	Arbeit ist Spaß, Arbeit ist unsicher und Arbeit ist unklar
Einstellung zur Autorität	Gehorsam	Hassliebe	Unbeeindrucktheit	Höflichkeit	Indifferent
Lebens- philosopie		„Leben, um zu arbeiten"	„Arbeiten, um zu leben"	„Erst leben, dann arbeiten"	„Leben und arbei- ten als fließender Prozess"

[Quelle: in Anlehnung an Oertel 2007, S. 28 f. und Ciesielski/Schutz 2016, S. 41 ff.]

Abb. 4-02: Arbeitsverhalten verschiedener Generationen

4.2 Ausprägungen neuer Führung

Beispielhaft für die Vielzahl neuer Führungsansätze, die auch kurz als New Leadership-Ansätze (und manchmal sogar als „Führungsinstrumente aus dem Silicon Valley") bezeichnet werden, sollen einige besonders intensiv diskutierten Konzepte vorgestellt werden:

- Super Leadership
- Geteilte und verteilte Führung
- Agile Führung
- Systemische Führung
- Virtuelle Führung
- Digitale Führung.

Im Vordergrund steht hierbei jedoch keine theoretische Durchdringung der einzelnen Führungsansätze, sondern lediglich eine kurze inhaltliche Darstellung der wichtigsten Ausprägungen.

Abbildung 4-03 liefert einen groben Vergleich klassischer und neuer Führungskonzepte.

	Klassische Ansätze	Neuere Ansätze
Einflussausübung	Einseitig	Wechselseitig
Führungshandeln	Führungsstil	Strategien, Taktiken
Machtbeziehung	Herrschaft der Führer	Anteil der Geführten, Machtbalancen
Instrument der Zielerreichung	Erfolg abhängig vom Führungsstil	Viele Faktoren, vernetzt, zirkulär, viele Alternativen
Merkmal der Persönlichkeit	Eigenschaften der Führungskraft	Zuschreibung durch Geführte
Gruppenphänomen	Formelle Führung, Statik	Informelle, emergente Prozesse, Dynamik
Führungsansätze	Eigenschaftsansatz, Verhaltensansatz, Situativer Ansatz	New Leadership-Ansätze, Systemische Ansätze, Virtuelle Ansätze

[Quelle: modifiziert nach Lang/Rybnikova 2014, S. 24]

Abb. 4-03: Vergleich klassischer und neuerer Führungskonzepte

4.2.1   Super Leadership

Der Super Leadership-Ansatz (engl. *Super Leadership Theory*), der auf Charles Manz und Henry Sims [1987 und 1991] zurückgeht, befasst sich mit den Herausforderungen einer dezentralen Arbeitswelt, in der es für Führungskräfte mitunter sehr schwierig sein

kann, Mitarbeiter zeitnah zu erreichen und deren Verhaltensweisen in ihrem Verantwortungsbereich durch direkte Einflussnahme zu steuern. Vor diesem Hintergrund wird verstärkt auf weichere, weniger starre Formen der Arbeitsorganisation gesetzt. Diese beinhalten unter anderem eine größere Selbstständigkeit der Mitarbeiter. Der Super Leadership-Ansatz, der zu den transformationalen New Leadership-Theorien zählt, beschäf-
tigt sich daher intensiv mit der Antwort auf die Frage, wie es Führungskräften gelingen
kann, Mitarbeiter zur Selbstorganisation oder „Selbstführung" zu motivieren bzw. zu
befähigen. Diese Fähigkeit wird als „Self Leadership" bezeichnet. In der Theorie agiert
also der Führende als „Super Leader", der seinen Mitarbeitern flexiblere Rahmenbedingungen für eine zweckgerichtete Selbststeuerung schafft [vgl. Stock-Homburg 2013, S.
515 ff.].

Das Konzept der Super Leadership grenzt sich somit spürbar von klassischen Führungsstilen ab, bei denen der Vorgesetzte die Verhaltenssteuerung der Geführten übernimmt,
den Spielraum seiner Mitarbeiter also klar begrenzt. Der Führende agiert nicht mehr als
eine Art „Über-Führer", sondern eher als am Arbeitsablauf orientierter Gestalter, der
seinen Mitarbeitern Freiräume lässt und die Möglichkeit eröffnet, sich selbst zu organi-
sieren. Der Vorgesetzte selbst sieht sich dabei als Prozessmoderator. Um eine erfolgreiche Self Leadership durchzusetzen, schlagen die Führungsforscher Manz und Sims einen mehrstufigen Prozess vor, an dessen Ende eine Einführung der Self-Leadership
durch Super Leadership erfolgt ist. Dieses Ziel ist dann erreicht, wenn sich Mitarbeiter
Aufgaben und Informationen selbstständig suchen und Entscheidungen eigenständig
treffen. Grundlage sind dabei stets die Wertvorstellungen des Unternehmens und dessen
Strategien [vgl. Schirmer/Woydt 2016, S. 192].

Als Kritik zum Super Leadership-Ansatz wird angemerkt, dass große Teile des Füh-
rungserfolges dann nicht von der Führungskraft abhängen, sondern vom Mitarbeiter be-
ziehungsweise einzelnen Mitarbeitern. Außerdem ist fraglich, ob dieser Führungsansatz
sinnvoll in allen Bereichen oder Branchen angewendet werden kann [vgl. Weibler 2016,
S. 390].

4.2.2 Geteilte und verteilte Führung

Infolge von Globalisierung und Digitalisierung verbunden mit neueren Organisations-
ansätzen (Stichwort: flachere Hierarchien) und zunehmender Forderung nach stärkerer
Demokratisierung unternehmerischer Entscheidungsprozesse rückt ein weiterer New
Leadership-Ansatz in den Blickpunkt des Interesses – die **geteilte Führung** (engl.
Shared Leadership). Bei diesem Ansatz steht, wie auch beim Super Leadership-Ansatz,
nicht mehr der Vorgesetzte als Alleinentscheider im Fokus des Führungsprozesses.
Vielmehr steht die Frage im Vordergrund, wie Führung in Organisationen aufgeteilt
werden soll, um Motivation und Leistung zu optimieren. Führung ist demnach nicht eine
Kette von Anweisungen, die vom Vorgesetzten an seine Mitarbeiter weitergegeben

wird. Vielmehr sollen sich Führender und Geführter vor dem Hintergrund der Zielvorgabe als quasi Gleichberechtigte sehen. Der Vorgesetzte agiert eher als Beschleuniger,
statt die Rolle des Entscheiders einzunehmen [vgl. Schirmer/Woydt 2016, S. 195 ff.;
Lang/Rybnikova 2014, S. 151 ff.].

Als Grund für das Entstehen dieser neuen Führungstheorie werden häufig der Wandel
der Gesellschaft und der Einzug der „Generation Y" in den Arbeitsmarkt genannt, die
nun nach und nach die Mitglieder anderer Generationen (Generation X) ablösen. Wo
Mitglieder der Generation X mit Hierarchien und kontrollierten Abläufen aufgewachsen
waren, stehen bei den heutigen Digital Natives der Generation Y viel stärker emotionale
Werte im Fokus ihres Denkens und ihrer Haltung. Dies führt zwangsläufig dazu, dass
die Arbeitsplatzwahl für Mitglieder der Generation Y oftmals an andere Ansprüche ge-
knüpft ist als für die Vorgängergenerationen.

Neben der Kompetenz- und Führungserweiterung durch das Team ist ein Verständnis
von geteilter Führung verbreitet, bei dem zwei Chefs die Führungsrolle in Teilzeit zusammen ausüben. Eine solche Variante der geteilten Führung bietet sich immer dann an,
wenn Teilzeit im Unternehmen einen hohen, akzeptierten Stellenwert hat.

In der Praxis wird Shared Leadership unterschiedlich bewertet. Als positive Ergebnisse
konnten oftmals mehr Vertrauen unter den Teammitgliedern, eine bessere Teamperfor-
mance und auch eine höhere Zufriedenheit der Beschäftigten festgestellt werden. „Fehlende Orientierung" oder „Machtmissbrauch" durch Teammitglieder sind dagegen als
negative Effekte zu verbuchen. Um „Geteilte Führung" in einem Unternehmen zu etab-
lieren bedarf es eines gewissen Durchhaltevermögens, denn Teil einer erfolgreichen
Einführung ist sowohl eine Einübungs- als auch eine Findungsphase aller Mitwirken-
den. Als begünstigender Faktor für die Einführung kristallisierte sich nach Studiener-
gebnissen ein hoher Frauenanteil, verbunden mit einem insgesamt geringen Alters-
durchschnitt, heraus. Außerdem zählten eine hohe ethnische Diversität und ein großes
gegenseitiges Vertrauen innerhalb der Gruppe. Dementgegen stehen auf der Seite der
Führungskräfte Faktoren wie Kontroll- und Machtverlust, Furcht vor Anarchie, persönliche Unsicherheit und mangelnde Fähigkeiten im Umgang mit nichtdirektivem Führungsverhalten. Auf Seiten der Mitarbeiter können Furcht vor zu viel Macht und Verantwortung sowie Angst vor Statusverlust eine Herausforderung darstellen [vgl.
Lang/Rybnikova 2014, S. 168 ff.].

In Abgrenzung zur geteilten Führung schließt das (etwas) weitergehende Konzept der
verteilten Führung (engl. *Distributed Leadership*) über die Gruppe hinausgehende,
aber in diese hineinwirkende strukturelle und z.T. auch kulturelle Führungsformen zusätzlich mit ein. Dabei spielen formale, pragmatische, strategische, regionale, aber auch
kulturelle Verteilung von Führung dann eine Rolle, wenn die gemeinsamen Annahmen
über eine natürliche Teilung der Führungsprozesse die Arbeitsgrundlage bilden [vgl.
Lang/Rybnikova 2014, S. 168 ff.].

Grundsätzlich haben Shared und Distributed Leadership-Ansätze immer dann eine besondere Relevanz, wenn es um Teilung und Verteilung von **Führungsaufgaben**, um Aufteilung der **Führungsverantwortung**, um Teilung und Verteilung von **Machtressourcen** sowie um **gemeinsame, kollektive Einflussausübung** geht.

4.2.3   Agile Führung

Eine praxisbezogene Ausprägung des Shared Leadership ist die **agile Führung**, die seit Jahren stark an Bedeutung gewinnt. Dabei wird agile Führung als Verhalten interpretiert, bei der die Mitarbeiter selbstbestimmt den Weg der Aufgabenbewältigung festlegen und somit in Entscheidungen eingebunden werden. Wichtig ist dabei, dass hierarchische Strukturen aufgebrochen werden. Mitarbeiter sollen ihre Kompetenzen selber erkennen, einschätzen und sich gegenseitig Feedback geben. Agiles Führen kann sogar bedeuten, dass Führungsfunktionen nach dem Motto „Mitarbeiter wählen ihren Chef" infolge eines basisdemokratischen Wahlprozesses temporär auf einzelne Mitarbeiter übertragen werden [vgl. Schirmer/Woydt 2016, S. 200].

Der Begriff **Agilität** unterscheidet folgende Ebenen:

- Agile Werte und Prinzipien, die im sogenannten *agilen Manifest* festgelegt sind,

- Agile Methoden (z.B. Scrum, IT-Kanban, Design Thinking) und

- Agile Praktiken, Techniken und Tools (Product Owner, Product Backlog, Time Boxing).

Die agile Führung ist in der Softwareentwicklung entstanden und dort inzwischen eher die Regel denn die Ausnahme. Aber auch im IT-nahen Umfeld, wie beispielsweise der Einführung von ERP-Systemen und im Non-IT-Bereich, wie der Produktentwicklung, spielen agile Methoden und Prinzipien eine immer wichtigere Rolle. Agile Methoden stellen Werte und Prinzipien in den Vordergrund, wo bisher Methoden und Techniken im Fokus waren.

Die Softwareentwicklungsmethodik **Scrum** kann dabei als eine Art Vorreiter der agilen Führung bezeichnet werden: Anstatt Projekte nach starren Plänen zu führen, gehen agile Projekte flexibler vor. Scrum kommt aus dem Rugby-Sport und bezeichnet eine „Gedränge-Formation", in der sich die beiden Teams nach einer kurzen Spielunterbrechung zur Weiterführung wieder zusammenfinden. Scrum setzt auf selbstorganisierende Teams ohne Projektleiter in der Softwareentwicklung. Die Teams teilen das Gesamtprojekt in kurze Intervalle (Sprints) auf. Am Ende der Intervalle stehen in sich abgeschlossene Teilergebnisse, die durch eigenverantwortliche und selbstorganisiert arbeitende Entwickler realisiert werden. Damit wird auf die bisher sehr umfangreichen, bürokratischen Planungs- und Vorbereitungsprozesse verzichtet, die letztlich zu einer Trennung von Planung und Ausführung führten [vgl. Schirmer/Woydt 2016, S. 199].

In agilen Organisationen „formieren sich Mitarbeiter in Squads (interdisziplinäre Pro-duktteams), Tribes (Zusammenschluss von Squads mit gemeinsamer Business Mission) und Chapters (Wissens- und Erfahrungsschwerpunkte über die Squads hinweg) zu stän-dig neuen Teams. Die Führungsorganisation umfasst Product Owners (Prozessverant-wortliche innerhalb eines Squads), Tribe Leads (Managementverantwortliche innerhalb eines Tribes) und Chapter Leads (hierarchische Funktion mit ganzheitlicher Personal-verantwortung innerhalb eines Chapters). Zusätzlich bieten agile Coaches individuelle Begleitung von Einzelpersonen oder Moderation von Teams an" [Jochmann 2019].

Agile Methoden treffen immer dann auf fruchtbaren Boden, wenn sich das Führungs-verständnis zunächst der Projektmanager und dann der Führungskräfte mit wandelt. Der Boden hierfür scheint aber gut aufbereitet, denn agile Methoden finden zunehmend In-teresse bei Teamleitern wie im Top-Management und werden deutlich positiver bewer-tet als die des klassischen Projektmanagements. Allerdings zeigen Umfragen, dass erst 20 Prozent aller befragten Unternehmen (n = 902) agile Methoden durchgängig („nach Lehrbuch") bei der Durchführung und Planung von Projekten einsetzen und nutzen (siehe Abbildung 4-04).

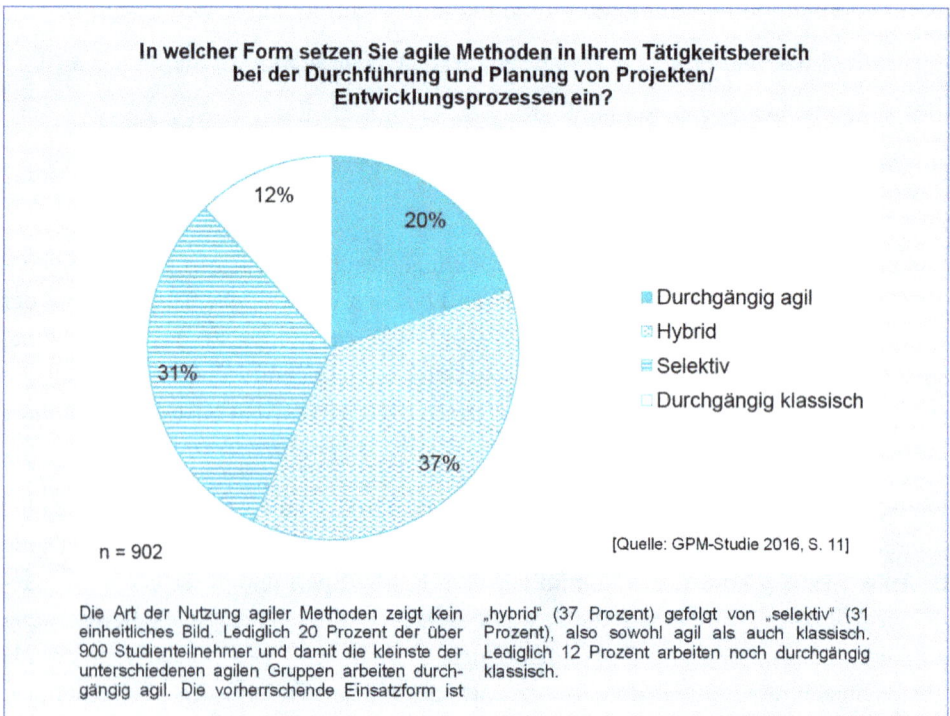

In welcher Form setzen Sie agile Methoden in Ihrem Tätigkeitsbereich bei der Durchführung und Planung von Projekten/ Entwicklungsprozessen ein?

12% 20% 31% 37%

- Durchgängig agil
- Hybrid
- Selektiv
- Durchgängig klassisch

n = 902

[Quelle: GPM-Studie 2016, S. 11]

Die Art der Nutzung agiler Methoden zeigt kein einheitliches Bild. Lediglich 20 Prozent der über 900 Studienteilnehmer und damit die kleinste der unterschiedenen agilen Gruppen arbeiten durch-gängig agil. Die vorherrschende Einsatzform ist „hybrid" (37 Prozent) gefolgt von „selektiv" (31 Prozent), also sowohl agil als auch klassisch. Lediglich 12 Prozent arbeiten noch durchgängig klassisch.

Abb. 4-04: Einsatzformen agiler Methoden

4.2.4   Systemische Führung

Obwohl die transformationalen New-Leadership-Ansätze davon ausgehen, dass Entscheidungsprozesse weitgehend selbstorganisiert durch die Mitarbeiter geschehen, so sind sie jedoch noch so gestaltet, dass Führungskräfte steuernd eingreifen können. Bei der Systemischen Führung betrachtet man Unternehmen als Systeme, in denen Lenkungshandlungen dagegen zu einer Vielzahl von direkten und indirekten Führungsreaktionen führen, womit eine klassische, beeinflussende Führung „unmöglich" wird.

> *„Systeme sind Ganzheiten, die sich aus einzelnen Elementen zusammensetzen, die miteinander über Relationen verbunden sind und interagieren. Unternehmen stellen mit ihren Subsystemen und Elementen, d. h. Abteilungen und Mitarbeitern, komplexe Systeme dar. Komplexität beschreibt dabei die Fähigkeit eines Systems, eine große Zahl verschiedener Zustände einnehmen zu können bzw. mit einer großen Zahl unterschiedlich zusammengesetzter Reaktionen auf Impulse reagieren zu können."* [Schirmer/Woydt 2016, S. 201].

Mit dieser Beschreibung werden Unternehmen von einfacheren Systemen wie zum Beispiel Maschinen, die auf gewisse Reize nur mit einer bestimmten Reaktion antworten können, abgegrenzt. Bei der systemischen Führung geht man davon aus, dass die Komplexität ein wichtiger Bestandteil wirksamer Führung ist. Dabei beschränkt sie sich nicht auf die Beziehungen zwischen Führungskräften und Mitarbeitern allein, sondern schließt die Beziehungen aller beteiligten Stakeholder des Systems ein. Die Führungskraft agiert dabei lediglich als Impulsgeber. Aufgrund der großen Komplexität und der vielen Einflüsse ist ein Steuern der Prozesse durch die Führungskraft so kaum noch möglich.

Der wichtigste Baustein der Systemischen Führung ist die Kommunikation. Hierbei gilt es vor allem, den Mitarbeitern durch eine gezielte Gesprächsführung neue Perspektiven darzustellen. Ziel dabei ist allerdings nicht, dass alle Mitarbeiter später eine einheitliche Sichtweise vertreten. Um zu diesem Punkt zu kommen, werden von Führungskräften Werkzeuge wie Skalen- oder Klassifikationsfragen genutzt. Skalenfragen werden dazu eingesetzt, um Wertigkeiten oder Bedeutungen einschätzen zu können. Eine mögliche Skalenfrage wäre hier: „Wie wichtig ist auf einer Skala von eins bis zehn die Zufriedenheit unserer Mitarbeiter?" Eine Klassifikationsfrage wird eingesetzt, um unterschiedliche Betrachtungsweisen erkennbar zu machen, so beispielsweise: „Welche unserer neuen Produkte werden den meisten wirtschaftlichen Erfolg bringen?"

Die Systemische Führung liefert keine einfachen Lösungen in Form von Handlungsanweisungen. Daher wird versucht, die wahrgenommene Realität der Mitarbeiter so zu beeinflussen, dass Lösungen selbstorganisiert gefunden werden können. Allerdings verwehrt die sehr spezifische Theoriefundierung vielen Praktikern einen Zugang zur Systemischen Führung [vgl. Schirmer/Woydt 2016, S. 203].

4.2.5   Virtuelle Führung (Führung mit neuen Medien)

Virtualität beschreibt Eigenschaften eines konkreten Objekts, die nicht physisch, aber durch den Einsatz von Zusatzspezifikationen (z.B. von neuen Kommunikationsmöglich-keiten) realisiert werden können. Bei virtueller Führung kann mit Hilfe dieser Zusatzei-genschaften trotz physischer Abwesenheit von Führungskräften geführt werden. Es geht hier also nicht um die „Führung der Möglichkeit nach", sondern um die Führung realer Mitarbeiter mit Hilfe von modernen Informations- und Kommunikationstechnologien bzw. sozialen Medien [vgl. im Folgenden Wald 2014, S. 356 ff.].

Das zentrale Problem virtueller Führung ergibt sich aus der **Distanz** bzw. den fehlenden persönlichen Kontakten zwischen Führenden und Geführten. Dabei ist die Entfernung für die Effektivität der Kommunikation nicht entscheidend, wohl aber für die Effektivi-tät der Führung. Der fehlende persönliche Bezug und fehlende Informationen zum sozi-alen Kontext erschweren den Aufbau sozialer Beziehungen und von Vertrauen. Dies kann Passivität und Leistungszurückhaltung der Mitarbeiter hervorrufen. Andererseits werden der Umgang mit dieser Distanz, d.h. die erfolgreiche Kommunikation mit mo-dernen Medien, sowie der Aufbau und der Erhalt von Vertrauen unter virtuellen Bedin-gungen unverzichtbar.

Letztlich sind es nach Peter M. Wald vier Perspektiven, aus denen man sich dem Phä-nomen der virtuellen Führung nähern kann:

- Virtuelle Führung als Führung aus der Distanz – Aus der Entfernung führen

- Virtuelle Führung als E-Leadership – Mit neuen Medien führen

- Virtuelle Führung als Führung mit neuen Beziehungen – Neue Führungsbeziehun-gen gestalten

- Virtuelle Führung als emergente (neu aufkommende) Führung – Entstehende Füh-rung nutzen.

Führung kann unter virtuellen Bedingungen auf verschiedene Instanzen „verteilt" wer-den. Eine gemeinsame Führung durch die Teammitglieder kann unter virtuellen Bedin-gungen empfehlenswert zu sein, weil damit die Selbststeuerungsfähigkeit des Teams erhöht wird. Gemeinsam ausgeübte Führung beeinflusst die Leistung stärker als in kon-ventionellen Teams. Fragen nach dem Verhältnis der Führungsformen (zentral/verteilt, transaktional/transformational), Wirkungen ihres Einflusses und die Umsetzung inter-aktionaler Führung unter virtuellen Bedingungen sind aber bislang noch unbeantwortet.

Abbildung 4-05 fasst die verschiedenen Perspektiven virtueller Führung und ihre Kern-aussagen zusammen.

Perspektive	Spezifische Sicht	Kernaussagen
Distanz	Virtuelle Führung als Führung aus der Entfernung, die Vertrauen voraussetzt	Virtuelle Führung ist Führung räumlich entfernter Personen, ist Führung mit zusätzlichen Charakteristika, wie räumliche, soziale, kulturelle Distanz, ist medienunterstützte Führung und findet unter veränderten Organisationsformen statt.
Neue Medien	Virtuelle Führung als Führung unter Nutzung von Neuen Medien, Informations- und Kommunikationstechnologien und sozialen Medien, Führung als E-Leadership	Virtuelle Führung ist ein sozialer Einflussprozess, der durch Medien vermittelt wird, um Veränderungen in Einstellungen, Emotionen, dem Denken und Verhalten und/oder der Leistung von Individuen, Gruppen und/oder Organisationen zu erreichen.
Neue Beziehung	Virtuelle Führung als Führung mit veränderten Führungsbeziehungen, neu verteilten Informationen und neuen Kontrollmöglichkeiten	Virtuelle Führung ist Führung, die den veränderten Möglichkeiten einer veränderten Verteilung von Informationen insbesondere durch verstärkten Einsatz von sozialen Medien Rechnung trägt, bei der es auch zu Emergenzen kommen kann.
Führungsstilpräferenz	Virtuelle Führung als Führung in virtuellen Organisationen oder unter den Bedingungen der Virtualität	Unter virtuellen Bedingungen oder bei verstärkter Nutzung von IuK kommt es zu veränderten Präferenzen hinsichtlich der verschiedenen Führungskonzepte: geeignet scheinen v.a. geteilte/transaktionale/transformationale sowie partizipative, zielorientierte Führung.

[Quelle: Wald 2014, S. 368]

Abb. 4-05: Zusammenfassung von Kernaussagen zur virtuellen Führung

Die Empfehlungen zur Gestaltung virtueller Führung beinhalten neben Hinweisen für die Auswahl und Entwicklung von Führungskräften auch konkrete Vorschläge zur Umsetzung virtueller Führung mittels Kommunikation, Vertrauen, Beziehungen und Distanzführung. In Abbildung 4-06 finden sich entsprechende Vorschläge zu ausgewählten Anforderungen.

Anforderungen	Beispiele
Kommunikation bzw. kommunikative Fähigkeiten	• Zuhören, Sondieren, Beratungen führen • Anreicherung der Kommunikation • Medienkompetenz und Fähigkeit zum konstruktiven Feedback, Kommunikation einer klaren Vision
Vertrauen bzw. Vertrauensaufbau	• Förderung von Bindung und Commitment • Aufbau und Unterstützung des Vertrauens durch neue Medien, Sicherstellung, dass Diversität angenommen wird • Fairnessbewusstsein, hohe Integrität und Vertrauensbereitschaft
Umgang mit Beziehungen	• Gezielter Aufbau und Erhalt der Beziehungen auch durch IuK/soziale Medien • Erkennen von Bedürfnissen über die Distanz sowie partizipative Orientierung • Förderung einer Atmosphäre der Zusammenarbeit und Empowerment
Distanzführung	• Arbeitsfortschritte erkennen, Zielerreichung kontrollieren, Work-Life-Balance sichern, Umgang mit Komplexität • Steuerung virtueller Work-Life-Zyklen, Teamfortschritte (mit Medien beobachten), Ausbau der Sichtbarkeit der Teammitglieder • Niedriges Kontrollbedürfnis und realistische Zielsetzung

[Quelle: WALD 2014, S. 375]

Abb. 4-06: Ausgewählte Anforderungen an Führungskräfte im virtuellen Kontext

4.2.6 Digitale Führung

Zunächst eine Klarstellung: Es gibt keine „digitale Führung" (und sollte es auch nie geben). Gemeint ist vielmehr eine „digitale Führungs**kompetenz**". Hinter dem Begriff

„Kompetenz" steht die Frage, ob eine Person die Fähigkeit besitzt, selbstorganisiert zu handeln. Kompetenzen bilden den Kern dessen, was man als einen fähigen Mitarbeiter bezeichnet. Kompetenzen sind der zentrale Faktor für die Leistungsfähigkeit des Individuums und damit auch für die Leistungsfähigkeit des Teams, der Abteilung und des Unternehmens als Ganzes. Im Mittelpunkt steht demnach die tatsächliche Handlungsfähigkeit der betreffenden Person. **Kompetenzen** gehen damit deutlich über **Qualifikationen** hinaus. Während eine Qualifikation bestätigt, dass ein formal definiertes und – zumindest in der Theorie – objektives Lernziel (z.B. der Bachelorabschluss in Business Administration) erreicht wurde, bezieht sich eine Aussage über die Kompetenz einer Person darauf, welche Fähigkeiten eine Person tatsächlich besitzt [vgl. Ciesielski/Schutz 2016, S. 105 f.].

Kompetenzen umfassen die Gesamtheit der Erfahrungen, Handlungsantriebe, Werte und Ideale einer Person oder einer Community. In der Kompetenzforschung haben sich nach Erpenbeck/Heyse **vier Schlüsselkompetenzgruppen** herausgebildet (siehe Abbildung 4-07):

- **Personale Kompetenzen** (z.B. Loyalität, Glaubwürdigkeit, Eigenverantwortung)

- **Aktivitäts- und Handlungskompetenzen** (z.B. Tatkraft, Entscheidungsfähigkeit, Initiative)

- **Fach- und Methodenkompetenzen** (z.B. Fachwissen, Planungsverhalten, Marktkenntnisse)

- **Sozial-kommunikative Kompetenzen** (z.B. Kommunikations-, Integrations-, Teamfähigkeit).

Explizit *nicht* enthalten in den Schlüsselkompetenzgruppen ist die **Führungskompetenz**. Sie ist vielmehr eine **Querschnittskompetenz**. Führungskompetenz wird am häufigsten mit folgenden Schlüsselkompetenzen in Verbindung gebracht:

- Kommunikationsfähigkeit
- Entscheidungsfähigkeit
- Teamfähigkeit.

Interessanterweise liegt bislang das Augenmerk bei den Führungstrainings allerdings auf den Methoden und Fachkompetenzen [siehe auch Lippold 2016].

Geht man jetzt von der (herkömmlichen) Führungskompetenz zur **digitalen Führungskompetenz** über, so kommen ganz offensichtlich zwei Kompetenzen hinzu, die in der Kompetenzarchitektur so nicht zu finden und daher ebenfalls als Querschnittskompetenzen zu bezeichnen sind: die Medienkompetenz und die interkulturelle Kompetenz. **Medienkompetenz** wird zwar nicht unbedingt von einer Führungskraft erwartet, der sichere Umgang mit sozialen Medien wird aber immer wieder als entscheidender

Mangel aktueller Führungskräfte angesehen. Als solch ein Mangel gilt auch die **interkulturelle Kompetenz**, denn in der Praxis nehmen Führungskräfte meist nur dann an interkulturellen Trainings teil, wenn sie eine längere Zeit im Ausland verbringen werden. Auf der Grundlage dieser beiden (zusätzlichen) Kompetenzen müssen für die konkreten Führungsaufgaben verschiedene Teil- und Schlüsselkompetenzen ermittelt, definiert und gewichtet werden [vgl. Ciesielski/Schutz 2016, S. 122].

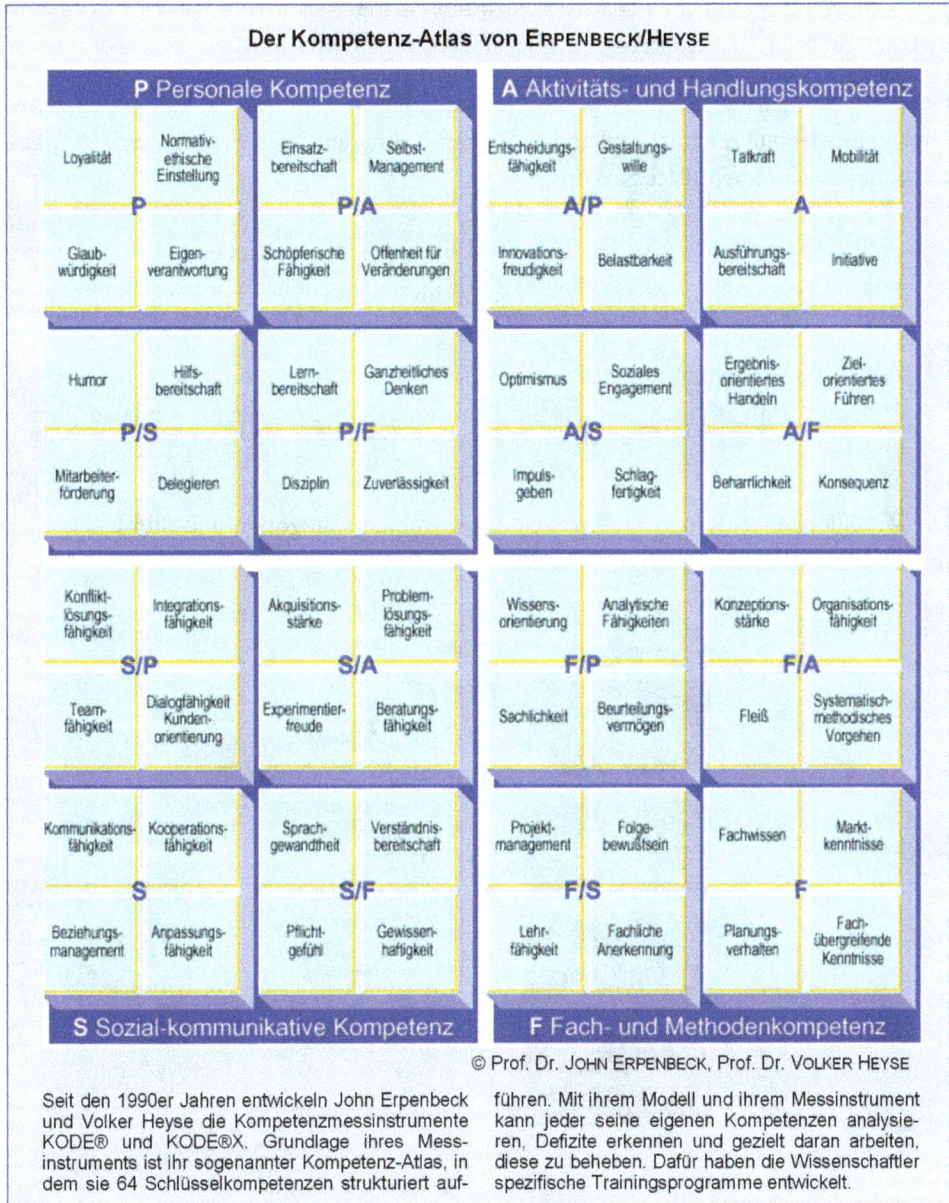

Der Kompetenz-Atlas von ERPENBECK/HEYSE

P Personale Kompetenz

Loyalität	Normativ-ethische Einstellung	Einsatz-bereitschaft	Selbst-Management
P		**P/A**	
Glaub-würdigkeit	Eigen-verantwortung	Schöpferische Fähigkeit	Offenheit für Veränderungen
Humor	Hilfs-bereitschaft	Lern-bereitschaft	Ganzheitliches Denken
P/S		**P/F**	
Mitarbeiter-förderung	Delegieren	Disziplin	Zuverlässigkeit

A Aktivitäts- und Handlungskompetenz

Entscheidungs-fähigkeit	Gestaltungs-wille	Tatkraft	Mobilität
A/P		**A**	
Innovations-freudigkeit	Belastbarkeit	Ausführungs-bereitschaft	Initiative
Optimismus	Soziales Engagement	Ergebnis-orientiertes Handeln	Ziel-orientiertes Führen
A/S		**A/F**	
Impuls-geben	Schlag-fertigkeit	Beharrlichkeit	Konsequenz

Konflikt-lösungs-fähigkeit	Integrations-fähigkeit	Akquisitions-stärke	Problem-lösungs-fähigkeit
S/P		**S/A**	
Team-fähigkeit	Dialogfähigkeit Kunden-orientierung	Experimentier-freude	Beratungs-fähigkeit
Kommunikations-fähigkeit	Kooperations-fähigkeit	Sprach-gewandtheit	Verständnis-bereitschaft
S		**S/F**	
Beziehungs-management	Anpassungs-fähigkeit	Pflicht-gefühl	Gewissen-haftigkeit

Wissens-orientierung	Analytische Fähigkeiten	Konzeptions-stärke	Organisations-fähigkeit
F/P		**F/A**	
Sachlichkeit	Beurteilungs-vermögen	Fleiß	Systematisch-methodisches Vorgehen
Projekt-management	Folge-bewußtsein	Fachwissen	Markt-kenntnisse
F/S		**F**	
Lehr-fähigkeit	Fachliche Anerkennung	Planungs-verhalten	Fach-übergreifende Kenntnisse

S Sozial-kommunikative Kompetenz   **F Fach- und Methodenkompetenz**

© Prof. Dr. JOHN ERPENBECK, Prof. Dr. VOLKER HEYSE

Seit den 1990er Jahren entwickeln John Erpenbeck und Volker Heyse die Kompetenzmessinstrumente KODE® und KODE®X. Grundlage ihres Messinstruments ist ihr sogenannter Kompetenz-Atlas, in dem sie 64 Schlüsselkompetenzen strukturiert aufführen. Mit ihrem Modell und ihrem Messinstrument kann jeder seine eigenen Kompetenzen analysieren, Defizite erkennen und gezielt daran arbeiten, diese zu beheben. Dafür haben die Wissenschaftler spezifische Trainingsprogramme entwickelt.

Abb. 4-07: Der Kompetenz-Atlas nach Erpenbeck/Heyse

4.2.7   Digital Leadership

Im Gegensatz zur „Digitalen Führung" kann der angelsächsische Begriff „Digital Lea-dership" sehr wohl als Führungsstil bezeichnet werden. Er ist sehr stark von den Rah-menbedingungen der digitalen Transformation geprägt. Der Begriff steht nicht nur für einen **Führungsstil**, der allein die Technologien in den Fokus stellt, sondern viel mehr für eine neue **Führungskultur** innerhalb der digitalen Transformation. Es geht für Di-gital Leader darum, mehr zu coachen als zu führen, mehr zu ermöglichen als zu bestim-men und mehr Prozesse als Aufgaben zu steuern [vgl. CMO 2018].

Die Unternehmensberatung Capgemini hat das Führungsleitbild, das den sogenannten Digital Leader auszeichnet, anhand folgender Verhaltensweisen charakterisiert [vgl. Crummenerl/Kemmer 2015, S. 8]:

- Das **WAS**: Verhaltensweisen, die eine Führungskraft im digitalen Zeitalter aus-machen (beispielsweise der Umgang mit digitalen Tools zur Entscheidungsfin-dung).

- Das **WIE**: Digitales Verhalten, um die digitale Transformation im eigenen Unter-nehmen voranzutreiben (wie etwa die professionelle Präsenz auf digitalen Platt-formen).

Die Abbildungen 4-08 und 4-09 zeigen die einzelnen Kategorien und Sub-Kategorien der Verhaltensweisen des Digital Leaders auf.

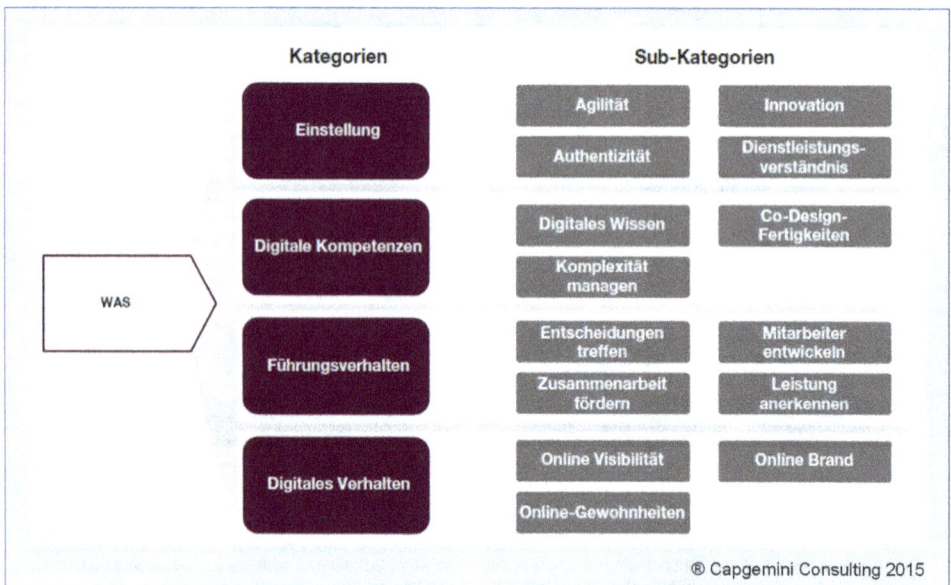

Abb. 4-08:   Verhaltensweisen eines Digital Leaders im digitalen Zeitalter

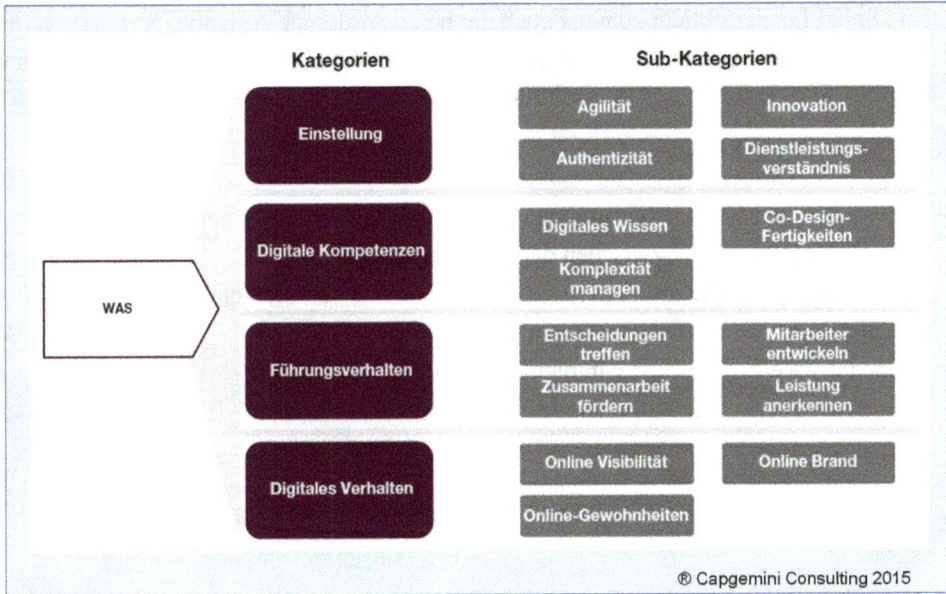

Abb. 4-09:   Verhaltensweisen für die digitale Transformation

Folgende Einflussgrößen sind es, die die Zusammenarbeit im digitalen Zeitalter stark verändert haben und die von den Führungskräften ganz besonders beachtet werden sollten [vgl. Kollmann 2020, S. 3 unter Bezugnahme auf Crummenerl/Kemmer 2015, S. 3]:

- **Vernetzung:** Zusammenarbeit geschieht in Netzwerken aus Netzwerken, wobei durch Cloud-Lösungen Daten jederzeit verfügbar und bearbeitbar sind.

- **Knowledgemanagement:** Statt individuelles Wissen wird kollektives Wissen sehr viel wichtiger – selbst erfahrene Experten müssen auf Kenntnisse Dritter vertrauen.

- **Flache Hierarchien:** Virtuelle und kurzlebige Teams ersetzen bürokratische und hierarchische Strukturen.

- **Kommunikation:** Digitale Informations- und Kommunikationstechnologien sind zunehmend fester Bestandteil vieler Arbeitsplätze.

- **Einfluss:** Informelle Gruppen und Meinungsführer können großen Einfluss auf den Erfolg einer Organisation haben.

- **Arbeitsmittel:** Digitale Arbeitsmittel ermöglichen es zunehmend jederzeit und an jedem Ort zu arbeiten.

- **Schnelligkeit:** In allen Arbeitsbereichen wird der Innovations- und damit auch der Veränderungsrhythmus erhöht.

Dem Digital Leader obliegt zumeist auch die herausfordernde Aufgabe, **New Work** im Unternehmen umzusetzen. Damit dies gelingt, sollten Digital Leader nach Kollmann [2020, S. 28] eine Reihe von Anforderungen erfüllen.

So sollte der Digital Leader

- mit ausreichend **Entscheidungsmacht** und **Befugnisse** ausgestattet sein,
- als **Bindeglied** in und zwischen den Führungsebenen handeln,
- eine klare **Strategie** und **Vision** des Unternehmens vorleben und vermitteln,
- **Agilität** und **Flexibilität** verkörpern,
- eine positive **Fehlerkultur** implementieren,
- als **Teamplayer** und **Kommunikator** fungieren.

5. Zur Vereinbarkeit alter und neuer Führungskonzepte

5.1 New Work und Homeoffice

Homeoffice ist ein Teilaspekt der *Telearbeit*. Dieser Begriff fasst Arbeitsformen zusammen, bei denen Mitarbeiter ihre Arbeit ganz oder teilweise außerhalb der Gebäude des Arbeitgebers verrichten. Oft wird auch von *Mobilarbeit* oder von *mobiler Arbeit* gesprochen. Beim Homeoffice findet diese Arbeit zuhause – also in den Räumen des Arbeitnehmers – statt.

Im Gegensatz zu den klassischen Führungsansätzen sind die New-Work-Konzepte deutlich besser auf den Corona-induzierten Homeoffice-Boom vorbereitet. Schließlich haben die virtuelle Führung, die digitale Führung und vor allem der Super-Leadership-Ansatz einen ihrer Ursprünge in der räumlichen Distanz zwischen Führenden und Geführten. Das Homeoffice spiegelt also genau eine der möglichen Voraussetzungen für diese neuen Führungskonzepte wider.

Da dem Begriff *Homeoffice* (noch) der Ordnungsrahmen fehlt, hat das Bundearbeitsministerium einen Entwurf für „Das Mobile-Arbeit-Gesetz" erarbeitet. Die Rede ist von jährlich 24 Tage – also zwei Tage im Monat – gesetzlichen Anspruch auf Homeoffice bzw. mobile Arbeit für jeden Vollzeitbeschäftigten. Arbeitgeber müssten zwingende betriebliche Gründe darlegen, um das ablehnen zu können. Oder sie müssen begründen, warum sich die Tätigkeit grundsätzlich nicht dafür eignet. In vielen Dienstleistungsbereichen, bei denen der Kunde als externer Faktor eine wichtige Rolle spielt, wird eine solche Begründung allerdings nicht schwerfallen. Anders sieht es dagegen in den meisten Führungs-, Verwaltungs- und Enabling-Bereichen aus. Hier kann Homeoffice zu einer erheblichen Entlastung vieler Familien bedeuten. Grundsätzlich sind sich alle Politikbeteiligten einig, dass Homeoffice eine große Chance für die Wirtschaft ist. Ob man daraus allerdings einen gesetzlichen Anspruch ableiten kann, anstatt eine Einigung den Tarifpartnern zu überlassen, ist zumindest fraglich.

Besonders eindrucksvoll hat Verena Pausder in ihrem Bestseller „Das Neue Land" die Wirkung von Homeoffice auf New Work beschrieben (siehe Abbildung 5-01).

New Work im Neuen Land:
Das Zuhause ist kein unproduktiver Ort

von *Verena Pausder*

„Ich muss zum Flieger!" Für mich ist das ein Satz aus dem Alten Land. Nicht, dass wir nicht mehr zum Flieger dürfen oder müssen, aber dieses Statussymbol, dieses „ich reise, also bin ich wichtig" – das wird die Pandemiezeit nur schwer überleben.

Es ist nicht mehr nötig, ständig „im Flieger" zu sitzen. Es ist kein Nachweis der eigenen Wichtigkeit mehr, wenn man ständig unterwegs ist. Die wichtigste Frage lautet vielmehr "Musst du da wirklich hin?" Gibt es keine digitale Lösung, um Daten abzurufen und auszuwerten? Und keine virtuelle Möglichkeit, die Ergebnisse zu besprechen? Kein Tool, um den Fortschritt des Projektes nachzuvollziehen? Kein Programm, das nicht auch von zuhause abrufbar ist?

Denn: Das Zuhause ist kein unproduktiver Ort. Nach einer Erhebung der Universität Konstanz, gaben im April 2020 rund die Hälfte der Befragten an, im Homeoffice besser und effektiver zu arbeiten. 35 Prozent der rund 700 Studienteilnehmer hatten vorher sogar noch nie von zuhause gearbeitet.

Und nach einer Studie des Münchner ifo Instituts im Juli 2020 wollen 54 Prozent der Unternehmen weiter auf das Homeoffice setzen. Die Forscher gehen davon aus, dass sich hybride Arbeitsmodelle zwischen Präsenzarbeit und Homeoffice immer mehr durchsetzen werden.

Und selbst die traditionsreichen deutschen Konzerne ziehen nach. So hat Siemens im Juli 2020 angekündigt, auch nach der Coronapandemie stark auf mobiles Arbeiten zu setzen. 140.000 der weltweit 240.000 Mitarbeiter*innen sollen künftig an zwei bis drei Tagen pro Woche nicht mehr ins Büro oder ins Werk müssen. Man habe gesehen, wie produktiv und effektiv das mobile Arbeiten sein kann, heißt es bei Siemens.

Und offenbar auch, dass es viele Mitarbeiter*innen zufriedener macht. Es ist eben nicht die entscheidende Frage, ob es Mexikanisch oder Indisch oder beides in der Kantine gibt, sondern ob die Fähigkeiten eines*r Mitarbeiters*in wertgeschätzt werden – und ob die Firma die Entwicklung ihrer Angestellten fördert. Es ist eben viel wichtiger, dass Mitarbeiter*innen mit Führungskräften darüber reden, was sie werden können und nicht, was sie hier für sich herausholen können.

Es geht darum, die Arbeit so zu gestalten, das sie bestmöglich wird. Es geht darum, den eigenen Mitarbeiter*innen mit Respekt und Fairness zu begegnen, ihre Entwicklung zu fördern, mit ihnen gemeinsam Ziele zu definieren, Ihnen mehr zu vertrauen als sie zu kontrollieren, und ihnen die Sinnhaftigkeit der Arbeit, den Purpose ihres, besser zu vermitteln.

Das ist New Work. Und das steht für die Strahlkraft von New Work, die auch das Arbeiten im Neuen Land auszeichnet.

[Quelle: Pausder 2020, S. 122 ff., verkürzt]

Abb. 5-01: „Das Zuhause ist kein unproduktiver Ort"

5.2 Neues Führungsverständnis

Alle genannten New-Work-Führungskonzepte haben zwar ihren Ursprung in neuen Anforderungen (Umgang mit räumlicher Distanz, mit neuen Medien, mit flachen Hierarchien, mit unterschiedlichen Wertvorstellungen verschiedener Generationen etc.), letztendlich sind es aber sehr ähnliche und teilweise überschneidende Ausprägungen eines grundsätzlich neuen Führungsverständnisses, das sich wie folgt skizzieren lässt [vgl. Lippold 2019e]:

- **Gemeinsames Verständnis** von Zielen und Aufgaben als sich entwickelnde Basis der Kommunikation

- **Gemeinsame Verantwortlichkeit der Gruppe** für den Prozess und die Entwicklung der eigenen Kooperationsfähigkeiten

- **Gemeinsame, selbstorganisierte Führung**, sowohl auf Projekt- als auch auf Abteilungsebene

- Jahresendprozesse **ohne Kalibrierung** der Mitarbeiter

- Hohes Maß an gegenseitigem **Vertrauen**

- Hinterfragen der **Sinnhaftigkeit** von Aufgaben und Akzeptanz einer **positiven Fehlerkultur**.

In den neuen Führungskonzepten wird die Führungsrolle also ziemlich anders als in den klassischen Führungstheorien gesehen. Wesentliche Elemente der **Führung** übernehmen selbstorganisierte Teams. Damit liegt einer Organisation, in der praktisch jeder Führung übernehmen kann, eine ganz andere Führungshaltung zugrunde: Mitarbeitern wird grundsätzlich vertraut. Solche Organisationsmodelle entsprechen in ihrer ausgeprägten Form dem **transformationalen und kooperativen Führungsstil**.

5.3 Umsetzung neuer Führungskonzepte in die Praxis

Wirft man einen Blick auf die gegenwärtige Führungspraxis in deutschen Unternehmen, so lässt sich das Aufeinanderprallen von klassischen und neuen Führungskonzepten am besten an den beiden Polen unserer Unternehmenslandschaft illustrieren: Start-ups und Großunternehmen [siehe im Folgenden Lippold 2017, S. 370 ff.].

5.3.1 Umsetzung in Start-ups

Start-ups, die häufig (noch) keinerlei Hierarchien kennen, verstehen sich sehr gut darin, alle Eigenschaften der Generation Y (und zunehmend auch der Generation Z) zu nutzen und auch in ihrem Sinne zu bestärken. Wo andere Unternehmen an ihre Grenzen stoßen und mit den Eigenschaften und Ansichten der **Digital Natives** (wie z.B. das permanente Hinterfragen der traditionellen Praxis) nicht umgehen können, werden sie in Start-ups unterstützt. Im Gegenzug sind zumindest die „Ypsiloner" bereit, eine hohe Leistungsbereitschaft zu zeigen. Statussymbole wie Dienstwagen sind von geringerer Bedeutung.

Wichtig dagegen ist die intrinsische Motivation der Mitarbeiter. Sie hinterfragen die zu erledigenden Aufgaben und wollen die Sinnhaftigkeit darin erkennen. Ähnliches gilt auch für das Feedback. Zwar suchen Mitarbeiter der Generation Y offensiv das Feedback, jedoch entscheiden sie kritisch, ob sie es annehmen. Für Start-ups ist es wichtig, dass Führungskräfte zwar ein klares Ziel definieren, jedoch nicht den dorthin Weg vorgeben. Dadurch können sich Mitarbeiter mit der Aufgabe identifizieren und sind motivierter. Das steigert wiederum die Zufriedenheit und Loyalität. Bei den Freiräumen, die Mitarbeiter bei diesem „Coaching-Ansatz" genießen, geht Autorität nicht verloren. Diese erhält die Führungskraft aber nicht durch Status oder Macht. Vielmehr ist wichtig, dass sie gegenüber dem Mitarbeiter eine natürliche Autorität (besser: Respekt) erlangt. Das kann dadurch erreicht werden, dass Mitarbeiter durch die Erfüllung von Zielen auch ihren persönlichen Zielen näherkommen. Dadurch akzeptieren sie die Führungskraft. Wichtig für die jungen Mitarbeiter ist die Authentizität der Führungskraft. Merkt der Mitarbeiter, dass ihm etwas vorgespielt wird, verliert er schnell den Respekt gegenüber seinem Vorgesetzten [vgl. Riederle 2014].

5.3.2   Umsetzung in Groß- und Mittelbetrieben

Der enorme Erfolg, den Start-ups mit ihren innovativen Führungsstilen haben, bleibt auch großen Unternehmen nicht verborgen.

Viele Unternehmen übernehmen gewisse Aspekte der neuen Führungsansätze, die sich aus dem Umgang mit den veränderten Wertvorstellungen der neuen Generationen ergeben (siehe Abbildung 5-02), und führen sie in den eigenen Organisationen ein.

Ein Musterfall dafür ist der Verlag Axel Springer SE, dessen Aktivitäten als beispielhaft im Umgang mit den besonderen Herausforderungen der digitalen Transformation gelten. Im Rahmen seiner Umstrukturierung vom physischen Print-Verlag zum digitalen Medienkonzern tätigte Axel Springer in den Jahren 2006 bis 2015 mehr als 230 Investments vornehmlich in Start-up-Unternehmen. Aufgrund der Erfahrungen mit diesen M&A-Aktivitäten wirbt der Konzern mit dem Slogan „Alle Chancen eines Start-ups". Mit dieser Arbeitgeberkampagne will man potenziellen Mitarbeitern zeigen, dass das Unternehmen die Sicherheit und Vorteile eines Konzerns und gleichzeitig die Dynamik und Arbeitskultur eines kleineren Start-ups bietet [vgl. Laudon 2017].

Die alten Werte verändern sich

TRADITIONELLE KOMPETENZEN	NEUE KOMPETENZEN
Perfektion	**Schnelligkeit**
Wille zur absoluten Höchstqualität und allumfassenden Betrachtung des Problems.	Agile Prozesse – Im Prototyp ist die große Idee bereits angelegt.
Das Team führen	**In Netzwerken denken**
Fokus liegt auf der Führung der anvertrauten Mitarbeiter.	Fokus auch auf Geschäftspartner, Kollegen, Experten außerhalb der Organisation.
Erfolge fortschreiben	**Disruptiv denken**
Aus Erfolgen der Vergangenheit Herangehensweisen für die Zukunft ableiten.	Die eigene Herangehensweise täglich neu und innovativ hinterfragen.
Ziele vorgeben	**Inspirieren**
Die eigenen Ziele und Werte kommunizieren. Inhalt wichtiger als Form.	Den höheren Sinn bedeutsam und begeisternd kommunizieren. Form genauso wichtig wie Inhalt.
Stabilität	**Veränderungsbereitschaft**
Unruhe im Team vermeiden.	Den sicheren Zustand „stören", Willen zum Hinterfragen des Bestehenden wecken. Vertrauen als Basis.
Fach-/Führungskompetenz	**Digitale Kompetenz**
Sich und sein Team führen. In seinem Fachgebiet außerordentliches leisten.	Technische Grundlagen kennen, Arbeitsmittel beherrschen.

axel springer

[Quelle: Axel Springer SE]

Wie kaum ein anderes Unternehmen der Medienbranche hat sich die Axel Springer SE auf die digitale Transformation eingestellt. Zu den jüngeren strategischen Maßnahmen zählen der Verkauf verschiedener Zeitungen und Zeitschriften an die Funke Mediengruppe sowie die Zusammenführung von N24 und Welt-Gruppe. Neue Akquisitionen im Bereich Rubriken und diverse Investitionen in journalistische Portale in den USA sowie eine neue Marktsegmentierung in die Bereiche ‚Bezahlangebote', ‚Vermarktungsangebote' und ‚Rubrikenangebote' runden die strategische Neuausrichtung ab. Die digitale Transformation erfordert aber nicht nur neue Geschäftsstrategien, sondern auch neue Führungsmodelle, die sich an den veränderten Werten der Mitarbeiter orientieren müssen.

Abb. 5-02: „Die alten Werte verändern sich"

5.4 Führung mit Begeisterung und Offenheit

Ziel dieser Neuformierung in Richtung digitaler Führung muss es sein, die Führungskompetenz dahingehend zu entwickeln, dass mit Begeisterung und Offenheit geführt
wird.

Begeisterung deshalb, weil selbst begeistert sein und andere begeistern können zwei
der wichtigsten elementaren Führungseigenschaften sind. Begeisterung vor allem auch
deshalb, weil die Generation Z (Geburtsjahrgänge ab 1995) in der Führung durch Begeisterung einen ganz wichtigen Schlüssel für oder gegen ein Unternehmen als Arbeitgeber sieht.

Offenheit deshalb, weil in einer sich ständig ändernden Umwelt eine permanente Lern-
und Veränderungsoffenheit essentiell ist. Offenheit aber auch deshalb, weil organisationale Offenheit und damit **Vertrauen** die Währung im digitalen Zeitalter und in der
digitalen Führungskultur ist.

So beginnen die ersten international ausgerichteten Dienstleistungsunternehmen damit,
ihre Personalentwicklung komplett umzustellen und auf sämtliche Rankings ihrer Mitarbeiter künftig zu verzichten. Der Grund: Die jährlichen Gespräche seien mit viel Auf-
wand, aber wenig Ertrag verbunden. In einem Interview mit der Washington Post er-
klärte Pierre Nanterme, CEO des IT-Dienstleisters Accenture:

*„Manager müssen die richtige Person für die richtige Stelle auswählen und sie mit aus-
reichend Freiraum ausstatten. Die Kunst guter Führung besteht nicht darin, Angestellte
ständig miteinander zu vergleichen"* [ZEIT-Online am 27.08.2015: So geht gute Füh-
rung].

Das bedeutet in der Konsequenz, dass die vielen Year-End-Reviews, die in aller Regel
mit einer **Kalibrierung der Mitarbeiter** (also einem Vergleich bzw. Ranking der Kollegen einer Grade-Stufe) verbunden sind, obsolet werden. Das führt zu einer Entschla-
ckung von liebgewonnenen, organisationsweiten Prozessen, die aus einem Vollständig-
keits- und Kontrollwahn einst installiert wurden, aber einer Vertrauens- und Führungskultur diametral entgegenstehen. Das kommt einem **Paradigmenwechsel in der Personalentwicklung** gleich [vgl. Lippold 2020a].

Die digitale Transformation ist also ein Leadership- **und** ein Kultur-Thema. Jede Arbeitskultur braucht ihren eigenen Zugang zu den jeweils passenden Kommunikationstechnologien. Jede Kultur tickt anders, verarbeitet ihre Informations- und Kommunika-
tionsflüsse unterschiedlich. Hier besteht zum Teil ein erheblicher Handlungsbedarf,
denn Kultur wird nicht verordnet, sondern muss (vor-)gelebt werden. Letztlich geht es
um die Frage, wie es Führungskräfte schaffen können, „dass die menschliche Lebendig-
keit und Intelligenz in ihrer Organisation aktiviert oder erhalten bleibt und dass nicht
das Regime der Prozesse, Strukturen und Technologien jegliche Unberechenbarkeit,

Unvorhersehbarkeit, Spontaneität und damit Kreativität der menschlichen Natur erstickt" [Ciesielski/Schutz 2015, S. XII].

Ebenso obsolet ist das **falsche Konstrukt des Talentmanagements**, mit dem heute immer noch standardisierte Führungsklone als künftige Vorgesetzte produziert werden sollen. Den Unternehmen ist im Hinblick auf die digitale Transformation vielmehr zu raten, Führungskräfte hinsichtlich der Eignung für den virtuellen Kontext auszuwählen bzw. entsprechende Personalentwicklungsangebote (Beziehungstraining) anzubieten. Denn im Kern geht es bei der digitalen Führung um Beziehungsarbeit, d.h. um wertebasierte Beziehungen, die aufgebaut, gepflegt und gegebenenfalls auch professionell beendet werden müssen. Allerdings wird das Konzept der Führungskräfteauswahl nur dann funktionieren, wenn ausreichend kompetente Führungskräfte zur Verfügung stehen. Da dies aber in aller Regel nicht der Fall ist, müssen individuelle **Talententfaltungsformate** erarbeitet werden, um die gewünschten Kompetenzen in soziologisch fassbaren Konfliktsituationen unter Managementanforderungen mit entsprechender Selbstreflexion zu entwickeln. Digitalisierung und ihr Einsatz sollte allerdings niemals Selbstzweck, sondern ein Mittel zum Zweck sein. Es kommt nicht so sehr auf die Technologie an, sondern vor allem darauf, wie man sie im Sinne der Kundenanforderungen umsetzt und nutzt. Insofern sollte die Digitalisierungsstrategie immer auch integraler Bestandteil der Geschäftsstrategie sein und nicht umgekehrt. Es geht bei der Digitalisierung also nicht darum, alles nur noch digital zu tun. Vielmehr kommt es darauf an, Digitalisierung als integralen Bestandteil von Prozessen und Kanälen zu nutzen [vgl. Leichsenring 2019].

5.5 Hybride Führungskraft

Um in dem neuen, digital geprägten Umfeld zu bestehen, ist also ganz offensichtlich die **hybride Führungskraft** ein möglicher Schlüssel zum Führungserfolg. Das heißt, für die Führungskraft ist es wichtig, sowohl in der virtuellen als auch in der analogen Welt als ein menschliches Wesen wahrgenommen zu werden, um mit den Mitarbeitern deren Werte teilen zu können. Am Ende sind es die Menschen mit Persönlichkeit, die Präsenz zeigen und eine Identität sichtbar machen, die offline und online zur Kenntnis genommen werden kann. Auf die aktive Gestaltung solcher Identitäten sollte Führung in der digitalen Welt viel Wert legen [vgl. im Folgenden Ciesielski/Schutz 2015, S. 140 ff. und Hildebrandt et al. (2013), S. 163 ff.].

Hildebrandt et al. unterscheiden im Kontext hybrider Arbeitsräume drei **Präsenzarten**:

- Soziale Präsenz (engl. *Social Presence*)
- Kognitive Präsenz (engl. *Cognitive Presence*)
- Führungspräsenz (engl. *Leadership Presence*).

Soziale Präsenz ist die Wahrnehmung, die andere von einem als Person in einem virtuellen Umfeld haben. In virtueller Interaktion kann soziale Präsenz im Wesentlichen durch folgende Reaktionen gezeigt werden:

– Affektive Reaktionen (wie Emotionen, Humor, Selbstoffenbarungen),
– Bindende Reaktionen (Ausrufe und Grüße, die Gruppe mit „wir" und „unser" ansprechen),
– Bezugnehmende Reaktionen (Nutzung von „Bearbeitungsfunktionen", direktes Zitieren, Bezugnehmen auf die Inhalte anderer Nachrichten).

Kognititve Präsenz ist das menschliche Vermögen, Bedeutungen und Wissen aus einem Prozess der Reflexion und Kommunikation in einem virtuellen Rahmen zu ziehen. Wenn Einsichten aus Diskussionen und Konflikten gewonnen werden, wenn Synthesen vorgeschlagen und Informationen ausgetauscht werden oder wenn Probleme angesprochen oder Lösungsvorschläge gemacht werden, so sind dies Indikatoren für kognitive Präsenz.

Führungspräsenz schließlich bindet soziale und kognitive Präsenz zusammen, sorgt proaktiv dafür, dass die technischen und kulturellen Rahmenbedingungen vorhanden sind, in denen die Gruppe interagieren kann. Es werden Beziehungen und Aufgaben betrachtet und stets als Rollenvorbild agiert. In den meisten Fällen geht es um Formen der Moderation und des Coachings. Eine digitale Führung sollte stets virtuelle Verfügbarkeiten haben. So sollte die Führungskraft einmal die Woche, z. B. via WebEx, online zur Verfügung stehen oder die Präsenz durch das Schreiben eines Blogs erhöhen.

Soziale, kognitive und Führungskompetenz sind auch das Ergebnis der **Medienkompetenz** der jeweiligen Führungskraft. Medienkompetenz als Teil der digitalen Führungskompetenz ist dabei als eine Querschnittskompetenz zu betrachten, die das Entwickeln verschiedener Kompetenzbereiche notwendig macht – ähnlich der digitalen Führungskompetenz. Dabei geht es u. a. darum, den richtigen Medienmix für die optimale Zusammenarbeit zu finden.

Medienkompetenz macht vor allem auch Generationsunterschiede deutlich, denn bei dieser Kompetenzart geht es nicht allein um die Frage, welche Medien eingesetzt werden, um zu kommunizieren, sondern es muss auch berücksichtigt werden, mit welchem Kompetenzniveau die jeweilige Gruppe an die Anwendung der Technologien herangeht. Wird die gesamte Bandbreite der Medienkanäle nicht ausprobiert, kann es durchaus vorkommen, dass nicht alle Gruppenmitglieder ihre Probleme und Herausforderungen rechtzeitig und stark genug kommunizieren können.

6. Weiterführende Überlegungen

6.1 Zur Demokratisierung von Führung

Allen neuen Führungsansätzen ist eines gemeinsam: Sie weisen einen deutlich höheren **Demokratisierungsgrad** auf als die klassischen Führungskonzepte [vgl. im Folgenden Lippold 2018].

Es ist zwar richtig, dass Führungskräfte, die auf persönliche Macht, Einfluss, Status und Prestige fixiert sind, in jeder Organisation überflüssig sind. Unter solch einer schlechten Führung haben alle Mitarbeiter zu leiden und hier trifft sicherlich die Erkenntnis zu, dass ein Mitarbeiter, der kündigt, nicht das Unternehmen, sondern den Chef verlässt. Die Frage aber ist, ob man deshalb die Führung total „demokratisieren" sollte? Und überhaupt: Wieviel Demokratie verträgt Führung eigentlich?

Wollen wir wirklich nicht mehr von den Vorteilen guter Führung profitieren? Wollen wir auf motivierende Zielsetzungen, positiv wirkendes Feedback, Wertschätzung der Arbeit, individuelle Forderung und Förderung und ein offenes Ohr für die Sorgen der Mitarbeiter verzichten? Wären Fußballmannschaften ohne Trainer wie Pep Guardiola, Jürgen Klopp oder Hansi Flick genauso erfolgreich, wenn sie sich selbstorganisieren würden? Wer in einer Organisation arbeitet, in der Führung durch Vorgesetzte positiv wirkt, käme wohl kaum auf die Idee, die Führungskräfte abzuschaffen [vgl. Scherer 2018 und 2018a].

Bei aller Euphorie über die neuen, progressiven Zusammenarbeitsmodelle sollte die Passung von Führungsstil und Organisationsform immer wieder auf den Prüfstand gestellt werden. Denn es gibt einen Punkt, an dem der optimale Grad der Mitbestimmung für die jeweilige Organisation erreicht ist. Abbildung 6-01 zeigt sehr anschaulich, dass Demokratisierung keine lineare Funktion ist, die automatisch zu mehr Erfolg führt. Maximale Demokratisierung ist also suboptimal.

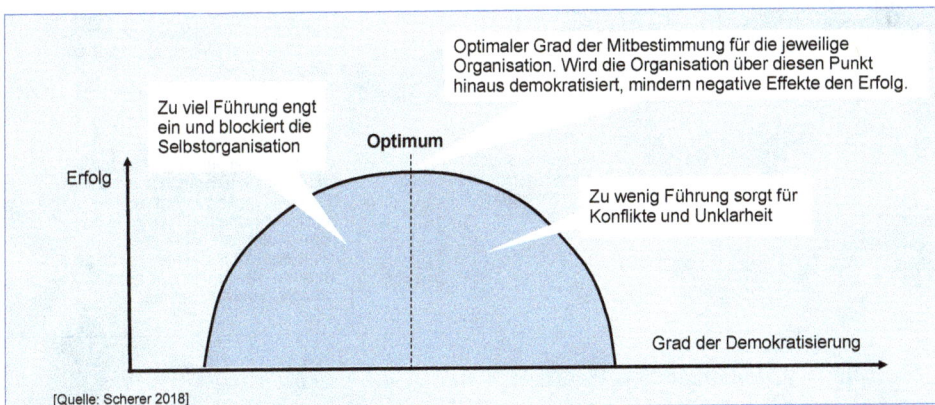

[Quelle: Scherer 2018]

Abb. 6-01:   Optimaler Grad der organisationalen Mitbestimmung

Wird die Organisation über diesen Punkt hinaus „demokratisiert", kann der Schuss nach hinten losgehen, denn

- nicht jeder Mitarbeiter möchte Zunahme an Verantwortung und den Leistungsdruck einer Führungsposition übernehmen,
- nicht jeder Mitarbeiter möchte an Entscheidungen beteiligt werden,
- nicht jedes Unternehmen verfügt über eine homogene Mitarbeiterschaft, die alle derselben Generation (Y) angehört,
- nicht jedes Unternehmen hat so gute Voraussetzungen für eine agile Organisation wie Start-ups.

Thomas J. Scherer kommt zu der Erkenntnis, dass die Abschaffung klassischer Führungsstrukturen dazu führt, dass sich dann eine Dynamik in Gang setzt, in der Machtkämpfe um informelle Positionen ausgetragen werden. Gäbe es schließlich eine nicht unbeträchtliche Anzahl von Menschen, *„die am Ende des Tages, wenn sie keine Konsequenzen zu fürchten hätten, ihr eigenes Wohl über das der Organisation oder des Teams stellen würden? Und braucht es nicht vielleicht formelle Führung, um Individualinteressen ausgleichen und Mobbing unterbinden zu können?"* [Scherer 2018].

Diese Überlegungen machen sehr deutlich, dass es letztlich doch immer wieder formeller und damit klassischer Führungsansätze bedarf, um letztlich den Rahmen für gemeinsame, selbstorganisierte Führung zu schaffen und diese damit überhaupt erst ermöglichen.

Abbildung 6-02 fasst die wichtigsten Überlegungen zum Miteinander von klassischen und New-Work-Führungskonzepten zusammen:

	Klassische Ansätze	Neuere Ansätze
Führungserfolg	Durch **Eigenschaften** oder (**situatives**) **Verhalten** der Vorgesetzten	Durch **Interaktion** zwischen Führungskräften und Mitarbeitern
Führungsverständnis	Mitarbeiter brauchen – eine starke Hand, – ein klares Ziel und – den Weg dahin. Aber auch: – Motivierende Zielsetzungen – Positiv wirkendes Feedback – Individuelle Forderung und Förderung – Offenes Ohr für die Sorgen der Mitarbeiter	• Gemeinsame, selbstorganisierte Führung • Mitarbeitern wird grundsätzlich vertraut • Hinterfragen der Sinnhaftigkeit von zu erledigenden Aufgaben • Hoher „Demokratisierungsgrad" Aber auch: – Nicht alle Mitarbeiter wollen Verantwortung und Leistungsdruck. – Nicht jeder Mitarbeiter möchte an Entscheidungen beteiligt werden. – Nicht jedes Unternehmen hat eine homogene Mitarbeiterschaft. – Nicht jedes Unternehmen hat so gute Voraussetzungen für eine agile Organisation wie Start-ups.

Abb. 6-02:   Miteinander von klassischen und New-Work-Führungskonzepten

6.2 Unverhandelbare Führungsaspekte

Eine (Führungs-)Kultur lässt sich nicht verordnen und schon gar nicht in der Form einführen, dass danach der „ganze Laden anders tickt". Ganz im Gegenteil, eine **Kultur muss (vor)gelebt** werden und hierzu benötigt man die richtigen Vorreiter. Für diese ist es wichtig, dass sie sowohl in der digitalen als auch in der analogen Welt als Menschen wahrgenommen werden, mit denen die Mitarbeiter bestimmte Werte teilen können (Stichwort: Hybride Führungskraft).

Unabhängig davon, ob man auf transaktionale Führungsansätze einerseits oder auf transformationale, agile, virtuelle oder verteilte Führung andererseits bzw. auf klassisch geführte oder selbstorganisierte Teams setzt, sollten folgende **Kennzeichen einer Führungskultur** nicht verhandelbar sein [vgl. im Folgenden Lippold 2019b]:

- **Führung nicht durch Status oder Macht, sondern durch Anerkennung und Respekt**

Führung durch Status und Macht bedeutet – aus Sicht der Geführten – dass hier Anerkennung von anderen „gegeben" ist. Gerade bei jüngeren Organisationen wird ein solcher Status besonders hinterfragt, diskutiert und kritisiert. Damit besteht die Gefahr, dass Führung instabil wird. Aus Gründen einer stabilen Führungskultur sollte somit Anerkennung und Respekt auch immer direkt von den geführten Mitarbeitern kommen.

- **Führung mit Begeisterung, Wertschätzung und Offenheit**

Wer selbst begeistert ist und andere begeistern kann, verfügt über zwei der wichtigsten elementaren Führungseigenschaften. Wertschätzung ist das höchste Gut, das die Vorgesetzten ihren Mitarbeitern gegenüber erweisen können. Organisationale Offenheit und damit Vertrauen ist die Währung im digitalen Zeitalter.

- **Über das Eigeninteresse hinausgehendes Engagement**

Ein Mitarbeiterengagement, das weit über das Eigeninteresse hinaus geht und damit der Gesamtheit dient, kann gar nicht hoch genug eingestuft werden. Es hat entscheidenden Einfluss auf Motivation, Anerkennung und Respekt bei allen beteiligten Führungskräften und Mitarbeitern.

- **Ergebnisse und nicht unbedingt Leistung zählen**

Bei der Beurteilung von Führungskräften und Mitarbeitern sollte die allseits bekannte physikalische Messlatte „Leistung ist Arbeit in der Zeiteinheit" so langsam der Vergangenheit angehören. Entscheidend ist nicht, wie lange jemand täglich am Schreibtisch sitzt, sondern welche Ergebnisse er erzielt hat.

- **Gemeinsame Erforschung neuer Lösungen und Denkweisen durch die Gruppe**

Gute Führung kann auch informell aufgrund von Gruppenprozessen entstehen. Dazu ist eine Interaktions- und Beziehungsqualität erforderlich, die einen konstruktiven und generativen Dialog erlaubt. Zudem ist eine gute Interaktions- und Beziehungsqualität häufig eine Voraussetzung für das Wir-Gefühl einer Gruppe.

Es steht außer Frage, dass die New-Work-Führungsansätze eine ganze Reihe von Vorteilen mit sich bringen. Flexibel, dynamisch, agil und demokratisch sind die Attribute, die am häufigsten im Zusammenhang mit **zeitgemäßer Führung** genannt werden. Es steht auch außer Frage, dass sie Unternehmen dazu verhelfen können, eine höhere Entscheidungsqualität, Kreativität, Agilität und damit gute Gewinne zu erreichen.

Doch sind auch wirklich alle Unternehmen für solch eine Art Führung gleichermaßen geeignet? Und wenn ja, wie können es Unternehmen mit einer eher **autoritären Führungskultur** schaffen, sich hin zu einer kooperativen Führungskultur zu entwickeln, ohne allerdings eine maximale Demokratisierung der Führung anzustreben. Wie können Führungskulturen, die bislang von Anweisungen, Vorgaben und Kontrolle leben, den Weg in ein digitales Zeitalter mit einer disruptiven Organisationsumgebung finden?

Es sind nicht so sehr die formellen Strukturen, Strategien und Prozesse, die bei diesem Weg eine entscheidende Rolle spielen. Es sind vielmehr vor allem **weiche Faktoren** wie gemeinsam geteilte Werte, Fähigkeiten der Mitarbeiter und eine geeignete Arbeitskultur, die über den erfolgreichen Weg eines Unternehmens in eine agile Arbeitsumgebung entscheiden. Passt eine sich selbst führende Organisation hier in das Gesamtkonzept der Unternehmung, kann diese ein erfolgreicher Weg in die Zukunft sein [vgl. Scherer 2018a].

Es geht also nicht mehr um die Vor- oder Nachteile der digitalen Transformation und der damit verbundenen organisatorischen Rahmenbedingungen, sondern darum, wie unsere Unternehmen diesen unaufhaltsamen **gesellschaftlichen Trend** für sich nutzen. Es geht darum, agiles Arbeiten zu ermöglichen, Silodenken aufzubrechen und eine ausgeprägte Innovations- und Kundenorientierung zu praktizieren, ohne dabei allerdings den Demokratisierungsgrad der Führung zu maximieren. Dazu bedarf es einer Feedback- und Fehlerkultur, die dafür sorgt, dass sich Organisation und Führungskräfte weiterentwickeln und sich die Digitalisierung zu Nutze machen [vgl. Aron-Weidlich 2018].

Fazit: Digitale und agile Transformationen sind Lernprozesse, an denen Mitarbeiter, Teams und Organisationen beteiligt sind. Der damit zusammenhängende Lernbedarf kann allerdings mit klassischen Standardtrainings und Entwicklungsgesprächen nicht gedeckt werden. Wissenschaftlich fundierte Antworten und praktische Hinweise für die konkrete Umsetzung gibt dagegen der **agile Lernansatz** [vgl. Gehlen-Baum/Illi 2019].

Literatur

Amerland, A. (2020): Deutsche Firmen lahmen bei der digitalen Transformation. In: https://www.springerprofessional.de/transformation/industrie-4-0/deutsche-firmen-lahmen-bei-der-digitalisierung/

Aron-Weidlich, M. (2018): Digitale Transformation – braucht es deshalb eine andere Führung? In: https://www.linkedin.com/pulse/digitale-transformation-braucht-es-deshalb-eine-martina-aron-weidlich/

Bass, B. (1985): Leadership and Performance Beyond Expectations, Free Press, New York 1985.

Bartscher, T./Stöckl, J./Träger, T. (Bartscher et al. 2012): Personalmanagement. Grundlagen, Handlungsfelder, Praxis, München 2012.

Baumgarten, R. (1977): Führungsstile und Führungstechniken, Springer, Berlin-New York 1977.

Becker, J. (2009): Marketing-Konzeption. Grundlagen des ziel-strategischen und operativen Marketing-Managements, 9. Aufl., München 2009.

Blake, R. R./Mouton, J. S. (1972): Besser verkaufen durch GRID, Econ-Verlag, Düsseldorf – Wien 1972.

Borstel, von, S. (2015): Die wichtigsten Gründe für einen Jobwechsel, in: https://www.welt.de/wirtschaft/article148016628/Die-wichtigsten-Gruende-fuer-einen-Jobwechsel.html

Brodbeck, F.C. (2016): Internationale Führung. Das GLOBE-Brevier in der Praxis, Berlin – Heidelberg 2016.

Bröckermann, R. (2007): Personalwirtschaft. Lehr- und Übungsbuch für Human Resource Management, 4. Aufl., Stuttgart 2007.

Buss, E. (2009): Managementsoziologie. Grundlagen, Praxiskonzepte, Fallstudien, 2. Aufl., de Gruyter, München 2009.

Ciesielski, M.A./Schutz, T. (2016): Digitale Führung. Wie die neuen Technologien unsere Zusammenarbeit wertvoller machen, Wiesbaden 2016.

CMO (2018): Digital Leadership: Welchen Führungsstil digitale Transformation wirklich braucht, in: https://blog.adobe.com/de/publish/2018/08/04/digital-leadership-welchen-fuhrungsstil-digitale-transformation-wirklich-braucht.html#gs.wde110

Creusen, U./Gall, B./Hackl, O. (Creusen et al. 2017): Digital Leadership. Führung in Zeiten des digitalen Wandels, Wiesbaden 2017.

Crummenerl, C./Kemmer, K. (2015): Digital Leadership – Führungskräfteentwicklung im digitalen Zeitalter, Capgemini Consulting Studie 2015.

Dahrendorf, R. (1975): Gesellschaft und Demokratie in Deutschland, München 1975.

Doppler, K./Lauterburg, C. (2005): Change Management. Den Unternehmenswandel gestalten, 11. Aufl., Frankfurt/Main 2005.

Erpenbeck, J./Heyse, V. (2007). Die Kompetenzbiographie – Wege der Kompetenzentwicklung (2. Aufl.), Münster 2007.

Erpenbeck, J. (2012): Was sind Kompetenzen? In: Faix, W.G. (Hrsg.): Kompetenz. Festschrift Prof. Dr. John Erpenbeck zum 70. Geburtstag, Stuttgart 2012.

Erpenbeck, J./von Rosenstiel, J./Grote, S. (Erpenbeck et al. 2013). Kompetenzmodelle von Unternehmen: Mit praktischen Hinweisen für ein erfolgreiches Management von Kompetenzen, Stuttgart 2013.

Eyer, E./Haussmann, T. (2007): Zielvereinbarung und variable Vergütung. Ein praktischer Leitfaden – nicht nur für Führungskräfte, 3. Aufl., Wiesbaden 2005.

Festing, M./Dowling, P. J./Weber, W./Engle, A.D. (Festing et al. 2011): Internationales Personalmanagement, 3. Aufl., Wiesbaden 2011.

Fiedler, F. E. (1967): Engineer the Job to Fit the Manager, in: Harvard Business Review 43 (5/1965), S. 115-122.

Gay, F. (2006): Das DISG®Persönlichkeits-Profil: Persönliche Stärke ist kein Zufall, 34. Aufl., Remchingen 2006.

Gebhardt, B./Hofmann, J./Roehl, H. (Gebhardt et al. 2015). Zukunftsfähige Führung. Die Gestaltung von Führungskompetenzen und –systemen. Gütersloh: Bertelsmann Stiftung.

Gehlen-Baum, V./Illi, M. (2019): Lern doch, was Du willst! Agiles Lernen für zukunftsorientierte Unternehmen, Norderstedt 2019.

Graen, G./Uhl-Bien, M. (1995): Relationship-Based Approach to Leadership: Development of Leader-Member Exchange (LMX) Theory of Leadership Over 25 Years: Applying a Multi-Level Multi-Domain Perspective, Leadership Quarterly, 6, 2, S. 219-247.

Halpin, A. W./Winer, B. J. (1957): A factorial study of the LBDQ, in: Stogdill, P./Coons, A. (Hrsg.): Leader behavior: Its description and measurement, Ohio State University, Columbus, S. 39-51.

Hauser, M. (2000): Charismatische Führung: Fluch und Segen zugleich? Frankfurter Allgemeine Zeitung, 42 (14.02.2000), S. 69.

Hersey, P./Blanchard, K. H. (1981): So You Want to Know Your Leadership Style? Training and Development Journal, June 1981, S. 34-54.

Hildebrandt, M./Jehle, L./Meister, S./Skoruppa, S. (Hildebrandt et al. 2013): Closeness at a distance – Leading virtual groups to high performance. Oxfordshire: LIBRI Publishing 2013.

House, R. J./Ranges, P. J./ Javidan, M./Dorfman, P. W./Gupta, V. (Hrsg.). (House et al. 2004): Culture, Leadership, and Organizations: The GLOBE Study of 62 Societies, Thousand Oaks, CA 2004.

House, R. J. (1977): A Theory of Charismatic Leadership, in: HUNT, J. G./LARSON, L. L. (Hrsg.): Leadership. The Cutting Edge, Carbondale 1977, S. 189-207.

Hungenberg, H./Wulf, T. (2011): Grundlagen der Unternehmensführung. Einführung für Bachelorstudierende, 4. Aufl., Springer, Berlin-Heidelberg 2011.

Ionos Startup Guide: Das DISG-Modell: Veralteter Test oder wirksames Arbeitsinstrument? In: https://www.ionos.de/startupguide/produktivitaet/disg-modell/

Jochmann, W. (2019) in: https://www.linkedin.com/pulse/top-trends-hr-und-people-manage-ment-2019-dr-walter-jochmann/

Jung, H. (2017): Personalwirtschaft, 10. Aufl., Berlin/Boston, 2017

Keese, C. (2016): Silicon Germany. Wie wir die digitale Transformation schaffen, München 2016.

Kellner, H. (2000): Konflikt verstehen, verhindern, lösen. Konfliktmanagement für Führungskräfte, München 2000.

Kollmann, T. (2020): Digital Leadership. Grundlagen der Unternehmensführung in der Digitalen Wirtschaft, Wiesbaden 2020.

Kollmann, T./Schmidt, H. (2016): Deutschland 4.0. Wie die digitale Transformation gelingt, Wiesbaden 2016.

Lang, R./Rybnikova, I. (2014): Aktuelle Führungstheorien und -konzepte, Wiesbaden 2014.

Lau, V.: Schwarzbuch Personalentwicklung, Stuttgart 2015, S. 217

Laudon, K. C./Laudon, J./Schoder, D. (Laudon et al. 2015): Wirtschaftsinformatik: Eine Einführung, 3. Aufl., Hallbergmoos 2015.

Leichsenring, H. (2019): Digitalisierung erfordert organisatorische Kompetenz. Zur Rolle des Chief Digital Officers, in: https://www.der-bank-blog.de/digitalisierung-erfordert-organisatorischekompetenz/

Lippold, D. (2010): Die Personalmarketing-Gleichung für Unternehmensberatungen, in: Niedereichholz et al. (Hrsg.): Handbuch der Unternehmensberatung, Berlin 2010.

Lippold, D. (2014): Die Personalmarketing-Gleichung. Einführung in das wert- und prozessorientierte Personalmanagement, 2. Aufl., München 2014.

Lippold, D. (2015): Die Marketing-Gleichung. Einführung in das prozess- und wertorientierte Marketingmanagement, 2. Aufl., Berlin/Boston 2015.

Lippold, D. (2016): Überforderte Unternehmensführung – Ist das Modell der digitalen Führung die Lösung, in: https://lippold.bab-consulting.de/ueberforderte-unternehmensfuehrung-ist-das-modell-der-digitalen-fuehrung-die-loesung

Lippold, D. (2017): Marktorientierte Unternehmensführung und Digitalisierung. Management im digitalen Wandel, Berlin/Boston 2017.

Lippold, D. (2017a): Wie Start-ups unser Führungsverhalten verändern, in: https://lippold.bab-consulting.de/wie-start-ups-unser-fuehrungsverhalten-veraendern

Lippold, D. (2018): Wieviel Demokratie verträgt Mitarbeiterführung, in: https://lippold.bab-consulting.de/wieviel-demokratie-vertraegt-mitarbeiterfuehrung.

Lippold, D. (2019): Personalmanagement im digitalen Wandel. Die Personalmarketing-Gleichung als Prozess- und wertorientierter Handlungsrahmen, 3. Aufl., Berlin/Boston 2019.

Lippold, D. (2019a): Gefragt ist die hybride Führungskraft. In: https://lippold.bab-consulting.de/gefragt-ist-die-hybride-fuehrungskraft/

Lippold, D. (2019b): Wer Erfolg haben will, muss sich verändern, in: https://lippold.bab-consulting.de/wer-erfolg-haben-will-muss-sich-veraendern-aber-nicht-um-jeden-preis/

Lippold, D. (2019e): Führungskultur im Wandel. Klassische und moderne Führungsansätze im Zeitalter der Digitalisierung, Wiesbaden 2019.

Lippold, D. (2020a): Paradigmenwechsel in der Personalentwicklung, in: https://lippold.bab-consulting.de/paradigmenwechsel-in-der-personalentwicklung-teil-2

Lord, R./Foti, R./De Vader, C. (Lord et al. 1984): A Test of Leadership Categorization Theory: Internal Structure, Information Processing, and Leadership Perceptions, Organizational Behavior and Human Performance, 34, 3, S. 343-378.

Lord, R./Maher, K. (1991): Leadership & Information Processing, London 1991.

Macharzina, K./Wolf, J. (2010): Unternehmensführung. Das internationale Managementwissen. Konzepte – Methoden – Praxis, Wiesbaden 2010.

Manz, C./Sims, H. (1987): Leading Workers to Lead Themselves. The External Leadership of Self-Managing Work Teams, Administrative Science Quaterly, 32,1, S. 106-130.

Manz, C./Sims, H. (1991): Super Leadership: Beyond the Myth of Heroic Leadership, Organizational, Dynamics, 19, 4, S. 18-35.

Möller, J./ Schmidt, C./Lindemann, C. (Möller et al. 2015). Generationengerechte Führung beruflich Pflegender. In Zängl, P. (Hrsg.), Zukunft der Pflege – 20 Jahre Norddeutsches Zentrum zur Weiterentwicklung der Pflege (S. 117‑130). Wiesbaden 2015.

Neuberger, O. (2002): Führen und führen lassen. Ansätze, Ergebnisse und Kritik der Führungsforschung, 6. Aufl., Stuttgart 2002.

Oechsler, W. A./Paul, C. (2019): Personal und Arbeit. Einführung in das Personalmanagement, 11. Aufl., Berlin/Boston 2019.

Oertel, J. (2007): Generationenmanagement in Unternehmen, Wiesbaden 2007.

O'Reilly, T. (2005): What Is Web 2.0: Design Patterns and Business Models for the Next Generation of Software. In: http://oreilly.com/web2/archive/what-is-web-20.html.

Pausder, V. (2020): Das Neue Land. Wie es jetzt weitergeht! Hamburg 2020.

Permantier, M. (2019): Haltung entscheidet. Führung & Unternehmenskultur zukunftsfähig gestalten, München 2019.

Pruitt, D. G./Rubin, J. Z. (1986). Social conflict: Escalation, statement and settlement. New York 1986.

Radomsky, C. (2019): Willkommen in der Welt der Digital Natives. Wie Sie als erfahrene Arbeitskraft Ihre Stärken ausspielen, München 2019.

Reddin, W. J. (1981): Das 3-D-Programm zur Leistungssteigerung des Managements, Moderne Industrie, Landsberg/Lech 1981.

Riederle, P. (2014) Wir Digital Natives verändern die Welt. WeltN24 GmbH. https://www.welt. de/debatte/kommentare/article135783672/Wir-Digital-Natives-veraendern-die-Welt.html.

Rosenstiel, von, L. (2003). Führung zwischen Stabilität und Wandel, München 2003.

Sagie, A./Koslowsky, M. (1994): Organizational Attitudes and Behaviors as a Function of Participation in Strategic and Tactical Change Decisions: An Application of Path-Goal-Theory, Journal of Organizational Behavior, 15, 1, S. 37-47.

Scherer, T. J. (2018): Die Utopie der sich selbst führenden Organisation – Teil 1, in: https://www.linkedin.com/pulse/die-utopie-der-sich-selbst-f%C3%BChrenden-organisation-teil-scherer/.

Scherer, T. J. (2018a): Die Utopie der sich selbst führenden Organisation – Teil 2, in: https://www.linkedin.com/pulse/die-utopie-der-sich-selbst-f%C3%BChrenden-organisation-teil-scherer/

Schirmer, U./Woydt, S. (2016): Mitarbeiterführung, 3. Aufl., Wiesbaden 2016.

Scholz, C. (2011): Grundzüge des Personalmanagements, München 2011.

Schriesheim, C./Castro, S./Zhou, X./DeChurch, L. (Schriesheim et al. 2006): An Investigation of Path-Goal and Transformational Leadership Theory Predictions at the Individual Level of Analysis, Leadership Quarterly, 17, 1, S. 21-38.

Schröder, W. (2002): Ergebnisorientierte Führung in turbulenten Zeiten, 2002, URL: http://www.dr-schroeder-personalsysteme.de/pdffiles/Artikel17/

Schuler, H. (2006): Lehrbuch der Personalpsychologie, 2. Aufl., Göttingen 2006.

Staehle, W. (1999): Management, 8. Aufl., München 1999.

Steinmann, H./Schreyögg, G. (2005): Management. Grundlagen der Unternehmensführung. Konzepte – Funktionen – Fallstudien, 6. Aufl., Wiesbaden 2005.

Stock-Homburg, R. (2013): Personalmanagement: Theorien – Konzepte – Instrumente, 3. Aufl., Wiesbaden 2013.

Stogdill, R. (1948): Personal Factors Associated With Leadership: A Survey of the Literature, Journal of Psychology, 72, 3, S. 444-451.

Stogdill, R. (1974): Handbook of Leadership: A Survey of Theory and Research, Free Press, New York 1974.

Wald, P. M. (2014): Virtuelle Führung, in: Lang, R./Rybnikova, I. (Hrsg.): Aktuelle Führungstheorien und -konzepte, Wiesbaden 2014 (S. 355-386).

Weber, M. (1976): Wirtschaft und Gesellschaft. Grundriss der verstehenden Soziologie, 5. Aufl., Mohr-Striebeck, Tübingen 1976.

Weibler, J. (1997): Unternehmenssteuerung durch charismatische Führungspersönlichkeiten? Anmerkungen zur gegenwärtigen Transformationsdebatte. In: Zeitschrift Führung und Organisation 1, 27-33.

Weibler, J. (2016): Personalführung, 3. Aufl., de Gruyter, München 2016.

Wofford, J./Liska, L. (1993): Path-Goal Theories of Leadership: A Meta-Analysis, Journal of Management, 19, 4, S. 857-876.

Wöhrmann, S. (2017): Die Leadership-Streetmap. Eine Übersicht der Führungstheorien. In: https://www.xing.com/communities/posts/die-leadership-streetmap-eine-ueber-sicht- der-fuehrungstheorien-1013687500

Abbildungsverzeichnis

Sachwortverzeichnis

www.ingramcontent.com/pod-product-compliance
Lightning Source LLC
Chambersburg PA
CBHW072000220326
41599CB00034BA/7064